知識社会学と思想史
The Sociology of Knowledge and History of Ideas

タルコット・パーソンズ

監訳　油井　清光
訳　　土屋　淳二
　　　杉本　昌昭

学文社

本訳書の出版許可は，ハーヴァード大学アーカイブズをとおして取得した．同アーカイブズのご協力にあらためて感謝するものである．

はしがき

本訳書の底本となっているパーソンズのオリジナル草稿は，ハーヴァード大学アーカイブズに保管されており，V・リッズ氏らによるその出版計画は以前からありながら，それは今日まで実現していない．

その間に，いまこうして日本語訳のみが先に出版公刊される運びとなった．そしてじつはこの翻訳計画も発端は3年前にさかのぼる．知識社会学についても造詣の深い秋元律郎先生をとおして，土屋淳二氏，杉本昌昭氏の両氏に私から翻訳の話をお願いしたのであった．しかしその後，私の体調不良やまた私のまったくの怠慢もあって，翻訳作業はなかなか進まなかった．なによりも，パーソンズのこの作品は，いかにもその内容が手強かった．知識社会学だけでなく，哲学史，思想史の広範な知識と，とおりいっぺんでない素養を必要とすることが，本格的に取り組むほどに分かってきたのである．そして私にそんな能力のあるはずもなかった．幸い，土屋淳二氏，杉本昌昭氏の両氏は驚くべき努力を傾けてこの難物に取り組んでくださった．それにしても私は作業半ばで，両氏には本当にとんでもないことをお願いしてしまったものだと何度も反省した．今日，こうして出版にまでこぎつけ得たのは，ひとえに両氏の能力とご努力によるものである．しかしこれほど高度の内容をもった原文を正確に訳しおおせているのかどうか，不安は残り，翻訳に不備があればその責はあげて私にある．原文それ自体の難解さもあり（言い訳めくが），本書は読みやすいものとはいえないかもしれない．平易な日

本語訳を心がけたつもりではあるが，それでも限界があり，やはりときに難解である．

　それというもパーソンズはここでもやはり，きわめてオリジナルな着想を展開しているからである．考えてみると，そのオリジナリティは，「社会学」という枠内では，パーソンズ的文体というものに慣れた（ときに飽き飽きさせられていた）読者にとっては，意外にももはや感じられなくなっていた類のものだったのかもしれないのである．それが思想史・哲学史という平面に投影された途端に，いわばその独自性，悪くいえば「奇矯性」がみえてくる．しかしこの「奇矯性」は，現代思想にとって意味深い豊かな鉱脈という意味でのオリジナリティに満ちているとわれわれは考えている．読者諸氏の独創的な思考を刺激しつづけるものであると信じている．

　上記のような弱音を吐いたり「絶望的」な気分に陥ったりしていたときに，学文社の田中千津子氏は，いつもあの寛容と叱咤激励のまざった絶妙なバランスでわれわれを結局ゴールまでひっぱってくださった．早期の公刊それ自体にも意味のある企画だっただけに，これはたいへん貴重な応援であった．本訳書の公刊が，パーソンズ研究と現代社会理論研究の新たな展開に資するならば，われわれとしては，この3年間の努力がようやく実を結ぶことになり，望外の喜びとするところである．訳者を代表して最後にそうした動きへの期待を述べさせていただきたい．

　2003年10月25日

監訳者　油井　清光

目　次

凡　例

ユートピアの知識社会学——『知識社会学と思想史』（T. パーソンズ）解説——
　　　　　　　　　　　　　　　　　　　　　　　　　　……………………………2

1. 知識社会学と思想史 …………………………17
2. デカルトと合理性の概念 ……………………20
3. カント ……………………………………27
4. カント以降の観念論と歴史主義 ……………31
5. マックス・ウェーバー ………………………39
6. 不合理的構成要素の地位 ……………………50
7. 相互作用と相互浸透 …………………………57
8. デュルケムとフランスの伝統 ………………64
9. カール・マンハイム …………………………71
10. 合理性と科学における「価値自由」 ………77
11. 知識の社会的規定要素 ………………………89
12. ユートピアの継起的変遷 ……………………97

文　献 ……………………………………113

索　引 ……………………………………117

凡　例

(1) 本書は，タルコット・パーソンズが執筆した草稿 The Sociology of Knowledge and History of Ideas の全訳である．草稿は，タイプ・ライターで打ちだされたものであり，彼自身による手書の簡単な訂正が施されている以外，編集者によるチェックは行われていない．
(2) 明らかなタイプ・ミス等，草稿の誤り・間違いについては，訳者の責任でしかるべき訂正を施した．
(3) 草稿における下線部は，以下のように訳出した．
　① 書名については，『』で括った．
　② 強調を意味する箇所については，訳文に傍点を付した．
　③ 英語以外（ドイツ語・フランス語）下線部については，本文中の英語を（）によりドイツ語・フランス語で言い換えている場合，読者の理解のうえで必要があると思われる箇所について，
　　　　［原文］... a sociology of knowledge（Wissenssoziologie）was ...
　　　　［訳文］……知識社会学（Wissenssoziologie）は……
　　というかたちで原語を掲げた．
　　また，本文中にそのままドイツ語・フランス語が用いられている部分については，とくにそれが分かるようなかたちで訳出せず，
　　　　［原文］... the "facts" of the milieu social ...
　　　　［訳文］……社会環境の「事実」……
　　とした．
(4) 草稿には，「＊」で示され，本文の段落間に挿入された注，および連番数字で示された「footnotes」があり，後者は草稿末尾に一括してタイプされている．訳出にあたっては，両者とも各ページ下部に脚注としてレイアウトし，前者は「＊」，後者は連番数字を行頭に付した．
(5) 「footnotes」における文献の記載および草稿末尾の文献表は，書誌が不完全であるものが散見され，また著者名の表記形式が統一されていない．このため，訳者の責任で可能なかぎり書誌を補い，記載の形式を原則として「『社会学評論』スタイル」に統一した．邦訳のあるものについては，それを併記した．
(6) ［］内は意味を通りやすくするために訳者が補足した語句の挿入，あるいは参考のために付記した原語である．

知識社会学と思想史

The Sociology of Knowledge and History of Ideas

ユートピアの知識社会学
──『知識社会学と思想史』（T．パーソンズ）解説──

油井　清光

　問題は，こうである．もしも，ある理論家＝社会学者が,「共通価値の内面化」によって安定し調和している社会を前提し，そのような角度からのみ人間を理解し，「社会」はそのような人間によって「制度化」されている「均衡」の世界であるというイメージ，その意味で「過社会化された人間観」をもっていたとするなら，その同じ理論家が，いったいどうしてユートピア運動の分析枠組を構成するといったことにそもそも必要性を感じるのだろうか？

　もちろんこの理論家＝社会学者とはタルコット・パーソンズである．本書に訳出した論稿は，こうした疑問を提起するに充分な内容をそなえている．だからこそ，こうした問題提起の波紋・衝撃は，かつてなかったほど深く長い．あらかじめ，本書全体の基本的性格をいっておけば，パーソンズはここで，かつて『社会的行為の構造』(1937) において 40 年前に遂行した社会学説史的な分析にもとづく作業を，社会思想史へと拡大しながらその改訂版を提示し，しかもそれにより，ユートピア思想の知識社会学的な分析枠組を提示するという，現代社会学が夢想するような離れ業を行っているのである．

　かつてラルフ・ダーレンドルフは，あの「ユートピアからの脱出」(1958 年初出) という論文のなかで，パーソンズ理論を（一方で慎重にさまざまな留保をつけながらではあるが),「私が社会学理

ユートピアの知識社会学　3

論におけるユートピア的傾向と呼んだものの顕著な例証」(p.59)であると批判した．その主旨はつぎのようなことであった．「普遍的合意という仮定が，ほとんどのユートピアの構想に組みこまれており，明らかにその安定性を説明する要因の一つになって」おり(p.41)，そこでは「価値についての一般的な合意」が「既存の状態を維持するのに貢献する」(p.43) という社会モデルがある．「最近の社会学理論の非常に多くがこうした仮説に基礎をおき，実際，ユートピア的社会モデルを援用して作業を行ってきた」(p.46)．「構造―機能主義理論もまた歴史的変動の欠如した社会を問題にしていると，この意味でユートピア的であると結論せざるをえない．…この理論がもっぱらユートピア的な社会体系の機能化の諸条件を解明することに関心をもっているからユートピア的なのである」(p.57)．

つまりここで，「ユートピア」とは，K・マンハイムの定義とも違って，「闘争」を欠いていると想定される非現実的な社会，その意味で静態的な社会を原理上の出発点とする社会理論モデルを指すのである．マンハイムが，「ユートピア的意識」の定義づけの冒頭でつぎのようにいっていたことが想起されよう．「行為に移りながら，そのつど成立している存在秩序を，それと同時に部分的にか全体的にか破壊するような『現実超越的な』方向づけだけが，われわれによってはユートピア的な方向づけだと見なされるべきである」(p.221)．それはむしろ現状を「乗り越えようとする」一種のダイナミックな運動でもあった．

しかしおそらくこうしたダーレンドルフのユートピア批判の背景には，この論考の書かれた 1958 年という時点での「アメリカ合衆

国」そのものへの批判があったであろう．それはいわば「ユートピア」というイデオロギー，調和の幻想に閉じ込められた，明るい豊かな牢獄としての「アメリカ」への批判である．そこで支配している空気は，「潜在的保守主義，暢気な保守主義」(p. 64)のそれである．社会学，真の社会科学は，こうした「ユートピアの幻想」から脱出しなければならない…．今日からふりかえって，一方で，ダーレンドルフのこうした違和ないし批判にある種の説得力があったことは充分理解できる．とともに他方で，そうした社会状況のイデオロギー的象徴としてパーソンズをもってきたことには，根本的な疑義が生じるのである．少なくとも，いま本書を紐解こうとしている読者にも，こうした根本的疑義が生じるであろうと私は考える．なぜなら，パーソンズにとっての「価値」はつねに社会システムを超越しようとする価値，乗り越えようとする価値であり，したがって変動をもたらす価値であった，ということが本論考によっても明白になるからである．だからこそかれは，社会進化論をこのような観点から構想せざるをえなかったし，本稿でのように，現状＝現体制を乗り越える思想として，つねにすでにそこにありつづけているユートピア思想の分析に深くかかわらざるをえなかったのである．

　本書は，パーソンズが1970年から1975年頃（最終稿は74年から75年）にかけて執筆した論稿の全訳である．オリジナル草稿は，ハーヴァード大学アーカイブズに保管されている未公刊草稿の一つであり，英文でも現時点（2003年9月）では公刊されていない．本邦訳が世界初の公刊資料となる．パーソンズが本稿を執筆した経緯をかんたんにまとめておこう．まずかれは最初，1967年8月に，チャールズ・スクリブナーズ・サンズの出版する Dictionary of the

History of Ideas に「社会学とヒストリー・オブ・アイディアズ」のタイトルで論文を執筆しないか，という依頼を受けた．出版元との間でやり取りがあり，同年10月の段階では「知識社会学と思想史 Sociology of Knowledge and the History of Ideas」というタイトルも固まっていた．この段階での締め切りは，1969年2月1日であった．しかし，パーソンズは，この締め切りに間に合わせて原稿を完成させることはできなかった．同年4月に出版社から督促状が来ており，それに対して同年7月末か8月初めにはそちらに送付できるだろうと返答し，さらにそれに対しては，出版社は，1970年1月までは待てるという回答をしている．そして確かに1970年2月13日付けの同社からの手紙には，原稿の受領が記載されている．また同年，3月7日には，編集長のフィリップ・ウィナーから，「優れた論稿 masterly article」，「卓越した寄稿文 excellent contribution」への礼と，編集上の注意事項やI・カントに触れた箇所などに対する内容上の若干のコメントをしたためた書簡が来ている．ところが，その約1年後の1971年4月20日付けの出版社からの手紙では（その間約1年のやり取りはいまのところ見当たらない），かれの原稿が，このディクショナリの他の諸論稿との整合性に欠け，もしもこのまま掲載すれば他の諸論稿との不整合を理由に批判にさらされるに違いないという理由で，掲載を見合わせるという内容の書簡が届くのである．これには，パーソンズもいささか驚きの念を禁じえなかったようで，「他の諸論稿との整合性に欠けるというかれらの言い分の根拠は，私には曖昧で満足のいくようなものではない」と書いている（Parsons, 1971）．これは，すでに同年6月に書かれた書簡にみられる表現で，他の出版手段を模索すべく友人に宛

てられた書簡中の言葉である．

　そのなかで，ロンドンのラウトリッジ・キーガン・ポールからの出版が日程にのぼってくる．交渉は，すでに 1973 年 6 月までには始まっている．同年の年末までに改訂・拡大版を仕上げる予定が，74 年の 1 月になっても完成できていないという同出版社宛てのパーソンズの書簡があり，同年 3 月にはやはり同社に宛てて，本論稿の要約ノートを送っている．この段階では彼は，これは「小さな単行本となることを予定して書かれている」(Parsons, 1974) としている．この意味で，本訳書はこの段階からのパーソンズの意図に沿った単行本として刊行されたことになる．この要約ノートのなかで，かれは本論稿の内容をつぎのように説明している．「本書の意図は，読者にたいして，『知識社会学』として知られるあの下位―分野がそこから発展していった，社会思想 social thought の歴史的状況にたいする方向づけ＝見当識を与えることにある」(Parsons, 1974)．ちなみに，本訳書のタイトルは『知識社会学と思想史』となっているが，History of Ideas を「思想史」と訳すのは相当の意訳かもしれないと考えつつ，そのように訳したのは，この引用にあるように，パーソンズ自身が social thought の歴史を念頭においていたことによるものである．こうした「本書の意図」の中心は，マンハイムにあるが，その背景としてマックス・ウェーバーが重要であり，ウェーバーは，直接にではないが，ハイデルベルグの知的サークルをとおしてもマンハイムの教師であったといえる．したがって，「ウェーバー・マンハイム関係」が本書の核と考えられる．しかし，この「関係」の構造は，アレクサンダー・フォン・シェルティングによる批判からも多大の影響を受けており，それは当時のハイデルベル

グにおける活発で高度な方法論上の議論を背景としていたのである，と（Parsons, 1974）．

　しかし，同出版社からの公刊も遅れに遅れる．その間，同出版社からは何度も問い合わせや催促の手紙が来ている．もしも1975年3月まで期限を延ばす必要があればそれでもよい，という内容の書簡が同社から1974年4月9日に届いており，これが最後の書簡（いま分かるかぎりで）である．これらの書簡によれば少なくとも同社は，本稿の出版にかなり乗り気であったといえよう．そして，それにもかわらず本稿は出版されなかった．この延期された締め切りにもけっきょく間に合わなかったのか，さらなる改訂をパーソンズが望んだのか，いまのところその点ははっきりしない．けれども，本稿を読む限り，これがほぼ完成された原稿であることは間違いないであろう．その内容が依然としてかなり難解であることは，また別問題として．

　いずれにせよ，これまで一般に日の目をみることのなかった本草稿は，こうしていま邦訳の形で世界で初めて公刊された．問題は，その内容的価値であり意義である．私は，そこに決定的な価値があると考える．

　本書を私はまず第一に，せまく社会学だけでなく，社会思想や思想史，哲学史に関心をもつ人々にも読んでほしいと考える．本稿は，パーソンズが，他のほとんどの場所では，それ自体を展開することに意義があるとは考えないと言っていた，哲学・思想史的考察を全面的に披瀝したものである．パーソンズ研究という枠のなかで見てさえも，その社会学理論の哲学的立場がどこにあるのか，という問題は，考えれば考えるほどよく分からなくなる問題，というより，

それを考える材料さえ満足になかった主題であった．本稿は，その欠落を実質的にうめることのできる大きな資料である．もちろん，この主題に関してこれで充分というわけではないが．第二に，本稿はまた，パーソンズ理論研究という狭い範囲をこえて，現代社会理論（たんに社会学理論でさえもなく）のフロンティアの議論にたいし，ある衝撃をあたえ，実質的な貢献をなしうる内容をもっている．それは，デカルト以来の近代思想の史的展開の分析のうえに，かれがここで築いている「ウェーバー・シェルティング・マンハイム」論争という枠組をふまえた現代社会論であり，ユートピア論という独自の観点からなされた現代社会分析である．

　第二の点についていえば，パーソンズは本書の最終部分で，「知識社会学」という枠組に仮託しながら，社会システムのなかに内在的につねにすでに存在する，ユートピア思想・運動を分析するための道筋を明らかにしようとしている．しかもそれは，とくに1968年の学生革命以降の世界を理解し分析するために用意されたように思われるのである．特に，晩年パーソンズ理論の大きな収穫であった，「表出革命」「教育革命」論に関連させながら，かれがここで，教育革命による「より高い知性の獲得」が，「すべての者が利用することのできるユートピア原理——もっとも，その獲得水準ないし利用水準の平等はかならずしも保証されているわけではない——の資源となった」(p. 92) と述べていることは，きわめて示唆的である．このことの含意は，現代においてはユートピア思想というものが，社会変動への要因として動員されるその蓋然性が飛躍的に高まり，その実践的方途がいわば日常化しているということではないだろうか．

最近，こうしたユートピア的思考を社会科学の発想や分析手法に取り込もうとした二つの文献があらわれている．ひとつは，A・ギデンズの「現実主義的ユートピア」というアイディアであり，もうひとつは，I・ウォーラーステインの「ユートピスティクス」という主張である．

　ギデンズの「現実主義的ユートピア」は，かれのいう近代社会そのものの「再帰性に不可欠な…反事実的特質」に根ざしたものである．「モダニティの有す再帰性に不可欠な，未来志向的思考の示す極めて反事実的特質には，否定的意味合いだけでなく肯定的意味合いも含まれている．なぜなら，われわれは，代わるべき未来を心に思い描き，その未来像の喧伝をとおしてその実現を促進していくことができるかもしれないからである．必要なのは，《ユートピア的現実主義》というモデルの創造なのである」(p.192)．それはまたいいかえれば，「制度に内在する変動可能性」(p.193)の問題でもある．「それゆえ『現実主義的』思考とユートピア的思考とを厳格に区別することは妥当ではない」(p.193)．こうしてギデンズが，「ユートピア的現実主義の諸次元」と称する図を提示するにいたっているのは周知のところである．それは，「古くからなされてきた『何かからの自由』と『何かをする自由』の区別を言い換えたものであるが，『何かをする自由』は，ユートピア的現実主義の枠組みに照らして展開していく必要がある」(p.195)と主張するのである．こうした枠組から，かれは「未来の潜在的変容可能性の重要な指標」としての社会変動の分析へと歩を進めるのであるが，こうした発想や分析方向は，じっさい驚くほどここでのパーソンズのそれに近似している．しかし，このギデンズの主張が多分に評論的な思い

つきの提示，問題提起の形をとっているにすぎないのに対して，本書でのパーソンズは，まさにこうした発想にたつならば現に彫琢されるべき理論をじっさいにつくってみせているのである．

ウォーラーステインの「ユートピスティクス」は，つぎのように説明されている．「ユートピスティクスというのは，ユートピアに対してわたしが考案した代用語であるが，…［それは］歴史的なオルターナティブについて真剣な評価を下すことであり，わたしたちに選択可能な史的システムが実質合理性を持つのかどうかを判断する行為である．…［それが］行うのは，わたしたちの目的が何であるべきかについて――それは総合的な目的であって，わたしたちが手段と呼ぶ副次的で下位の目的ではないのだが――，科学と道徳と政治から学ぶものを調和させることである」(pp. 10-11).

ここでウォーラーステインが主張していることの半面は，パーソンズのそれと重なっている．つまり，ユートピア的思考を分析する必要性があるという点で重なっており，じっさいにフランス革命以来のユートピア思想の史的展開に関する分析をウォーラーステインも遂行してみせている．これは，本書でパーソンズが行っていることでもある．しかしウォーラーステインの場合は，そのうえで，あるひとつのオルターナティブなシステム――「リベラルの終焉」にともなうそれであり，これをユートピア思想というべきか，ユートピスティクスあるいはイデオロギーというべきかはともかくとして――を選択するよう促しているようにみえる．

パーソンズの場合はどうか．もちろんかれはユートピア思想分析の図式を提起しているだけであるが，しかしその図式を使った学生革命以後の現代的状況にたいするじっさいの分析（評価）のあり方

には，あるメッセージがこめられているともみえる．そのメッセージは，先のウォーラーステインのひそみにならえば，おそらく「リベラルの復権」ということになるのだろうか．しかし，こうしたパーソンズの「選択」には，全体としてのユートピア思想をまるごと図式化することによって，それらを理性化しようとする強靱な企てがこめられている．「リベラル」というならば，こうした企て全体を含めたものをそういうべきなのである．こうして，学生運動（学生反乱とも「革命」ともいってよいが）との関連を考えるならば，われわれは，あのH・マルクーゼの『ユートピアの終焉』(1967) という書物に触れないわけにはいかないであろう．しかし私には，ここでのマルクーゼの主張は，一言でいえばつぎのことであると思える．つまり，かれは考えられるかぎり最もラディカルなユートピアの実現性について語りながら，その本のタイトルを「ユートピアの終焉」としている，ということである．だからここでも「終焉」すべきユートピアとはじつは「アメリカの現体制」ということになるのであり，それに代わるべき真のユーピアがあってそれがおそらく，「現体制のいわゆる生き方全部に対する抵抗」(p.56) としての，「ビー・イン be-in」や「ラヴ・イン love-in」と呼ばれた「政治的反乱と性的―道徳的反乱との融合」(p.59) にもとめられていたのである．こうして，マルクーゼもここで，自身の提示しているヴィジョンだけはユートピア的ではないという形で，最もラディカルなユートピアへの選択をうながしていた．これに対して，ふたたびパーソンズは，そうした主張そのものをまるごと含めた全体としてのユートピア的なるものの生起する図式をここで提示しようとしたのである．それは，いわば自分のヴィジョンだけは「絶対に」ユート

ピアではない、といったあらゆる主張を理性化すべきものなのであった．

さて、本稿でのパーソンズの実質的な議論の出発点は、「デカルト的パラダイム」(p.5) にある．「議論の古典的出発点は、デカルトの有名な認識枠組——まさに主体—客体関係、つまり知る者と知られるものとの関係を中心とするもので、たんに知る主体が単独でそこにあるわけではない、とする認識枠組にある」(p.4)．

つまり、デカルトは、「知る主体」の位置ないし意義について考えるという出発点を切り開き、そこから、「知る」という活動の意義や意味にかかわって、あらゆる「心理学的・社会学的パースペクティブがもつ関連性」(p.5) という近代のすべての議論が出現してきたというわけである．

「したがって、『社会』の本質および『文化』の本質をめぐる問題は、ある重大な意味において、デカルト的パラダイムのもっとも図式的な説においてすら伏在していたのである」(p.5)．

本書の内容をここですべてなぞりながら解説することはできないが、本書をつらぬくもうひとつの大きな論点が、「合理性」のそれであることはたしかである．

そして、思い切って単純化してしまっていえば、この合理性と「主体—客体関係」の問題は、ここで、「知られるもの」つまり知識の分析から、その知る者との「関係」つまり行為の問題へと展開される．知る者のその行為において、合理性がいかなる実践的（カント的意味において）関連にあるのかという観点へとおきかえられるのである．ここに、かれがウェーバー社会学の意義を重ねてみていることはいうまでもない．「ウェーバーがおこなったことは、形而

上学的問題の一般性の水準をおしあげたということであり，その結果，世界観および価値の歴史的な多様性は，『人間的に有意義な』志向性という一般的標題のもとに包摂されることになったのである」(p. 33)．この意味で，本稿はまさに，社会学者が知識社会学的観点から捉えなおした哲学史という趣もある．

　考えてみると，この「合理性」の問題は，パーソンズ社会学の全体をつらぬく大きな1本の太い骨組みのひとつであるにもかかわらずこれまで体系的に分析されたことがなかった．初期の経済学批判から一貫して，パーソンズの立場は，合理性と非合理性および不合理性との理論的布置関係をどのように構造化・定式化するかということにあった．それは，功利主義的という意味で経済学的な狭い合理性をいかに乗り越えて，あるいは拡張して，社会学というディシプリンを打ちたて，その意義を確立するかという問題意識と連動していたわけである．本稿で，パーソンズは，こうした積年の持続的な試みを，総合的にまとめあげようとしている趣がある．「知識『社会学』は，文化の認知的ないし合理的構成要素と不合理的構成要素との関係という問題に対処せざるをえないことになる」(p. 58)，と，ここでかれはいっている．

　また，ここでパーソンズはある意味で当然のことながら，知識社会学の発展にとっての重要な礎石のひとつとしての，マルクス評価を試みている．それは，自己利益と集合体との関連という文脈にある．そこには「社会システム内で作用する社会的要因」(p. 9)，というマルクスの着想があるという．これがマンハイムのいう特殊イデオロギーの概念へと展開したことはいうまでもない．ここで，パーソンズは，知識社会学という文脈において，珍しくマルクスの理

論内容に実質的にかなりふみこんで，その貢献を評価している．あいかわらず多分に辛らつで批判的ではあるが．

　こうしてカントからウェーバーへという主要路線の分析をふまえながら，一方で，個人利益と集合体レベルでのそれという主題との関連で，マルクスにふれ，そしてまたルソーからデュルケムとフランスの伝統という領域へと踏み込むのである．そこにはまた合理性と非合理性という主題がからまってくる．「デュルケムは，ウェーバー理論にみられる『合理的』な側面を不合理的な側面へと結びつける［ような理論構成をとっていたので］，社会システムの脈絡においてはウェーバー以上に連帯の性質および条件の問題を重視していた．彼が有機的連帯——高水準の社会分化と結びついた類型である——と呼んだものは，とくに契約制度との関連で彼自身が法システムと関係づけた確固たる規範的枠組がなければ明らかに保持しえないものであった．意志と感情に関するルソーの遺産は，デュルケムの業績においても充分に生きていたのだが，大きな違いは，デュルケムのいう『機械的連帯』を・の・みルソーが論じていたのに対し，デュルケムはたしかにいくつかの難点はあるものの，これを他の主要類型と体系的に関連づけていたことにある」(p. 52)．

　こうして，本書は，デカルトにはじまり，「ウェーバー・シェルティング・マンハイム」論争を核としながら，その周辺にとくにカント，ついでマルクス，デュルケム，フロイト，J・S・ミル，トレルチ，テンニース，ルカーチといった，思想家を配置し，かれが40年近く前に『社会的行為の構造』(1937) で行った社会学説史的研究を，社会思想史へと拡大しながらその改訂版を提示したものであった．

ところで，パーソンズはすでに，「知識社会学への一つのアプローチ An Approach to the Sociology of Knowledge」と題する論稿を，1959年に発表している．これはその後，*Sociological Theory and Modern Society,* 1967 に採録されている．この論稿と本書との関係はどうなのであろうか．結論からいえば，両者にはほとんど関係がない．もしも，本書が，この「知識社会学」を扱った前稿の直接的な発展形態であったり，その焼き直しであったら，パーソンズは当然，本書でこの論文に触れていてよいであろう．しかし，この論文への言及は本書には出てこない．たしかに，*Sociological Theory and Modern Society* という論文集には，何度かふれ，参考文献にもあがっているのだが，面白いことに，直接の言及は，そのなかのこの「知識社会学」以外の論文（ウェーバーとデュルケムを扱ったもの）に対してなされているのである．1959年の論稿は，わずか27頁の小論であり，そこではなるほど主にマンハイムが扱われているが，本書に比べれば非常に限られた範囲であり，ウェーバーにいたっては本書とは比べることもできないほど，範囲も次元・奥行きも限られている．何よりも，このかつての論稿では「イデオロギー」を中心とした議論が展開され，その「源泉」としての社会的緊張とその「帰結」としての何らかの社会的「効果」を分析している点に面白みがあった．これに対して，本書がその「ユートピア」分析にクライマックスのあることは前述のとおりである．

　最後に，本書は，パーソンズ研究といったせまい枠をはるかに越え，社会思想全般に関心をもち，また社会理論のフロンティアでの突破口を何とか見出そうとしている多くの人々に，有意義な示唆に満ちた書物であることもまた確かだと信じている．

文献

- Mannheim, K., 1929, *Ideologie und Utopie*: Friedlich Cohen.［＝昭和51年，樺俊雄訳『マンハイム全集　4　イデオロギーとユートピア』潮出版社．］
- Marcuse, H., 1967, *Das Ende der Utopie,* Verlag Maikowski.［＝1968，清水多吉訳『ユートピアの終焉——過剰　抑圧　暴力』合同出版．］
- Giddens, A., 1990, "Modernity and utopia," in Statesman & Nation Publishing Company Ltd., *The Consequences of Modernity*: Polity Press.［＝1993，松尾精文・小幡正敏訳『近代とはいかなる時代か？——モダニティの帰結——』而立書房．］
- Dahrendorf, R., 1968, *Essays in the Theory of Society*: Stanford University Press.［＝1975，橋本和幸・鈴木正仁・平松闊訳『ユートピアからの脱出』ミネルヴァ書房．］
- Wallerstein, I., 1998, *Utopistics: Or Historical Choices of the Twenty-first Century*: The New Press.［＝1999，松岡利道訳『ユートピスティクス——21世紀の歴史的選択』藤原書店．］
- Parsons, T., 1937, *The Structure of Social Action*: The Free Press.［＝1974-1989，稲上毅・厚東洋輔・溝部明男訳『社会的行為の構造』木鐸社．］
- ——, 1967, *Sociological Theory and Modern Society*: The Free Press.

1. 知識社会学と思想史

「知識社会学」は，1920年代，まずドイツにおいて，とりわけカール・マンハイムの業績によって誕生した．マンハイムの『イデオロギーとユートピア[*Ideologie und Utopie*]』は，1929年に原著ドイツ語版が出版され（英語版は1936年），またそれに先だって，いくつかの論考——とりわけ19世紀初頭におけるドイツ保守主義思想に関する研究が発表されている．マンハイムはすぐれて世界市民的な人物であり，ハンガリーに生まれ，パリで学位を取得した．彼の思想が決定的に結晶化したのは，おそらくはハイデルベルク大学において社会学および経済学にかかわっていた時期であり，当時，逝去（1920年）してまもないマックス・ウェーバーより，圧倒的な影響を受けていた．(*)

ウェーバーおよびマンハイム以降の用語を用いるならば，知識社会学（Wissenssoziologie）の形成にとってもっとも重要な理論的要件は，行為システムとしての社会システムと文化システムとを，概念として適切に分化させることである．このような区分は，学問分野としての社会科学および人文科学の区別と混同されてはならない．というのも，後者の区分は，文化システム内部におけるシンボル内

(*) マンハイムは，ハイデルベルク大学において1927年に私講師となった．私は，彼の最初のゼミナールに，その年の夏学期に出席したが，やはりそれはマックス・ウェーバーの学説を扱うものであった．まもなく，彼はフランクフルト大学に教授として招かれ，ナチス政権によってドイツを追われるまで，その地にとどまることになった．

容のカテゴリーをめぐって形成されるものだからである．デュルケムを除けば，ウェーバーは，同時代までの他の誰にもまして，社会システムと文化システムとのこの分化を徹底的に推し進めたといえる．明確に定義され，たがいに自律的であると捉えられるこの二つのシステムの秩序間にみられる相互依存を探究していく際に，マンハイムにさらなる一歩を踏みだす契機を与えたのは，このウェーバーの業績であった．

　マンハイムにおいて目をひくドイツの知的伝統は，実際，彼の設定した問題にとってもっとも重要ではあるのだが，しかし，そうした伝統のみが問題だったわけではない．パリで学生だったころ，マンハイムは，レヴィ‐ブリュールやデュルケム，モースらの著作に心底親しんでいた．フランス社会学は，ウェーバーやその他のドイツ人社会学者との間に数多くの接点をもっていたのである．(**) それとは対照的に，イギリス思想においては，ドイツにおけるよりもはるかに，功利主義という背景をもつ社会科学と，芸術および文学というもうひとつの世界に属する人文学との間に，より明瞭な二分法が設定される傾向が強い．しかし，文化に関する人類学の理論化によって，結果的に両者は架橋されることになった．マンハイムの英訳は，アメリカにおいてのみ出版されたものではないものの，それにもかかわらず，イギリスに比べると，やはりアメリカにおいて，より大きな衝撃を少なくともかなりの長期にわたって与えたのである．

(**)　1920年代のドイツの社会学者には，このフランスにおける貢献を無視するものが多いが，しかし，その重要性を強調したカール・ヤスパースの講義を私はよく覚えている．

実際，ドイツおよびイギリスにおける学問の発展経緯は，あるひとつのプロセスの両端とみなすことができるだろうし，フランスはある意味でこの両者の中間に位置している．知識社会学の誕生とは，まったく異なっているようにみえたこれらの思潮の間に生じた注目すべき収斂過程のひとつの兆しであり，またその所産でもある．もし，二つの思潮の間に，分化過程の共通の起源となった「哲学」的な基盤がなかったのであれば，このような収斂は理解されなかったであろう．ここでいう「収斂」とは，したがって，分化を果たした構成要素の間の，高い水準への統合プロセスであると考えることができるだろう．私は，これらプロセスのおもな段階およびその結果を追い，ついで，本稿の後半において，知識社会学が果たした重要な貢献をめぐるいくつかの論点，ならびに知識社会学が対峙した問題へとたち帰ることとする．

2. デカルトと合理性の概念

　ひとつの興味深い理解——ここで問題となっている思想の歴史が一巡して元に戻る円環過程を描いている，というひとつの理解がある．これは，歴史上，そのもっとも重要な準拠点が認識論にあり，そこから歴史をくだること約3世紀，知識社会学をめぐる重大な議論が，マンハイムの提起した「社会学的」認識論をめぐって争われることになった，ということである．

　議論の古典的な出発点は，デカルトの有名な認識枠組——まさに主体—客体関係，つまり知る者と知られるものとの関係を中心とするもので，たんに知る主体が単独でそこにあるわけではない，とする認識枠組にある．二分法それ自体に加え，デカルトの立場においてもっとも重要な出発点は，物理的世界に対する知識こそ決定的な哲学的問題——われわれの目的からいえば理論的問題——をつきつけるものである，という彼の仮定であった．

　この基礎的な準拠点の構造に由来する二つの重要な問題群があり，それらが，われわれの関心において中心的なものとなる．大いに魅力的なひとつの見方は，がんらい受動的なものである知る主体を，写真乾板のごとく外部世界の対象が像として焼きつけられる白紙状態として扱うことにあった．これに対し，「知識の追究」をひとつの活動とみなし，その「問題解決」の過程において，知る者は能動的な主体たるとする理解もあった．しかしながら，このような考え方が，「知るということ」についてあてはまるのであれば，この「知る」という活動と，人間が携わるその他の活動との間の関係に関して，数多くの疑問がただちに生まれてくることになるだろう．

2．デカルトと合理性の概念　21

そのような問題に対処する際に，心理学的・社会学的パースペクティヴがもつ関連性は明白である．

　他方で，前提とされる「感覚印象」——外的世界から到来する情報——が，「知識」を構成するべくいかに「組織化」されるようになるのかという問題が，前面に現れざるをえなかった．この問題は，こんにちわれわれが「象徴化」すなわち「文化」の過程および内容の性質として分析する問題へとじかに結びつくものであった．したがって，「社会」の本質および「文化」の本質をめぐる問題は，ある重大な意味において，デカルト的パラダイムのもっとも図式的な説においてすら伏在していたのである．同様に，デカルトのパラダイムにおける二つの側面の関係も，また問題化せざるをえなかった．

　「主体」の役割を純粋に受動的なものであるとする考え方から離脱する第一歩は，イギリスの功利主義者が，知識の問題を越えて，行為の問題へむかう際に踏みだされることになった．ここにいたると，主導的な考え方は，とくに経済学的な文脈において，個人の「欲求」（ホッブズはそれを「情念」と呼んでいた）と呼ばれることになったものによって行為が統制される，との捉え方になった．そうした行為者においては，とりわけ合理的行為によって欲求を「充足」するための手段を選択する，すなわち目的に対する適切な手段を選択することが期待されたのであった．

　このような分析の流れは，古典派経済学——そこから社会科学の近代的局面が発達するもととなった数少ない重要な理論図式のひとつ——の誕生にあたって，その基底をなすものであった．とくに，古典派経済学は，社会システムという概念を発展させたのであるが，その社会システムのなかで，不特定多数の個人による行為は，自己

利益の合理的な追求において，分業と交換により，参加するすべての個人が有する欲求充足の最大化をある程度実現させると想定しうる，とされた．私が「想定しうるとされた」というのは，むろん，その経験的な実証が，特定の形式化された条件下で事実として生じることが証明されてきたというのではなく，競争市場システムという考え方が，それでもなお社会システム理論が準拠する主たる論点のうちのひとつであり続けた，ということである．

アレヴィが非常に明確にしめしたように，(1) 競争市場システム内における安定というこうした経済学者たちの概念は，「利害の自然な一致」というひとつの教義に依拠しており，この教義は，とりわけロックに由来するものであるが，それは，それよりわずかに早い時期にホッブズによって示された，まったく異なった功利主義的システムによって提起された諸問題をとり扱っていなかった．その論点とは，私やほかのひとびとが社会関係における「秩序問題」と呼んだものであった．(2) ホッブズは，秩序を強制する地位に，想定されかつ／または擁護される「絶対的」主権の役割を設定するという形で，彼なりの「解答」を提示した．このことは，功利主義の伝統のなかで，法律を「主権者の意志」と考えるジョン・オースティンの法理学において中心となったもうひとつの主要なテーマ——いっけんすると社会システムの概念化においては対極的なものに見えるのだが

---

(1) Halévy, Élie, 1955, *The Growth of Philosophic Radicalism*, translated by Mary Morris, Boston : Beacon Press.
(2) Parsons, Talcott, 1949, *The Structure of Social Action*, New York : The Free Press.［＝1976-1989，稲上毅・厚東洋輔・溝部明男訳『社会的行為の構造』（全5分冊）木鐸社．］を参照．

──を提供した[3].

　経済学的な個人主義の教義と政治的な「絶対主義」のそれは，ある意味で両極端ともいえるアンチテーゼであるようにみえるが，しかし，両者は功利主義という共通の準拠枠組のなかにあった．功利主義においては，個人による「自己利益の合理的追求」ということが，「行為」の本来の性質に対する基礎的な考え方だった．「オースティン流」の考え方が私的な集合体，さらに，もちろんのこと政府の下位単位にまで拡張された場合，いかなる集合体においても，「主権」の権威は，それら集合体おのおのの集合的自己利益の合理的追求ともまた関係づけられることになる，と考えられよう．

　個人の自己利益と集合体のそれとの組み合わせのうちの，ある特別な形態──それは功利主義の根源的な諸仮定は共有していたが，しかし，その組み合わせの構造は修正したものだった──は，知識社会学が誕生する際にその基盤となった社会システム思想のひとつの局面に対して，決定的な影響力をもつことになった．すなわち，カール・マルクスの壮大なる総合である．もちろん，ここで言及される集合体は国家ではなく，営利企業であり，その「主権者」は所有者，すなわち「資本家」である．これらホッブズ的な主権がもつ組織化された権力に対して，個人として巻き込まれる「労働者」は無力なものであるとされ，彼らは，殊勝なことに自己利益を追求するとはいえ，経営者の「経済力」によって，絶望的にからめとられてしまう，と主張されたのである．

---

(3) Fuller, Lon L., 1966, *The Law in Quest of Itself*, Boston : Beacon Press.

自己利益の合理的追求という考え方に対する，個人および集合体の準拠を以上のような形で組み合わせることは，本稿が問題とする概念の布置状況へといたる社会的な思考の主要な構成要素のひとつを提供していた．とはいえ，歴史的にいえばそこには，おおいに問題を含んだ二つの言葉がある．おそらく，「追求される」べき「利益」という観念は，人間がたんにそれに「反応」するだけの感覚印象ないし「刺激」に対して受動的な受け手であるのではなく，「行為」するものである，との仮定を同義反復として言い換えたものなのである．しかしながら，「合理的」および「自己」という言葉には，むろん唯一の単純かつ明確な意味はない．

　自己というものの問題含みの性質は，まず，個人の自己利益と集合体のそれとの間の関係という文脈において捉えられるだろう．これは，あきらかにマルクス主義理論の中心的な問題である．マルクスは，労働者の個人的自己利益を，階級利害にもとづいた連帯を労働者が達成するという彼の概念によって乗り越えたのであり，彼は，その階級利害を，ブルジョアジーにとってではなくプロレタリアートにとって，より大きな「公共」の利益であるとみなした．自己利益の乗り越えといわれる主張，およびその実現の見込みを否定すること，というこの組み合わせがもつメリットがどのようなものであれ，このような「弁証法」は，のちの思想にとって大きな準拠点となったのである(4)．

　すでに示唆したように，経済学的な個人主義の伝統に即して定式

---

(4) Lukács, Georg, 1968, *Geschichte und Klassenbewuβtsein,* Berlin : Luchterhand.［＝1991，城塚登・古田光訳『歴史と階級意識』白水社．］

化された自己利益の見方と，ホッブズ―オースティン流の伝統における集合的利益の見方が，マルクスにおいて組み合わされたのであるが，それは，社会システム内で作用する社会的要因，すなわちマルクスの言葉でいえば「物質的」要因に関するもっとも重要な定式化を構成していた．マンハイムにとってこのことは，イデオロギーの「特殊的」概念の焦点であり，彼の知識社会学においてそれは，「一般」概念によって乗り越えられる際のひきたて役として用いられていた．しかし，マンハイムが設定したこのようなレベルにおいて，こうした問題を定義するには，社会学および心理学におけるマルクス以降の発展が不可欠であった．

　ここで関係するのは，ただ社会統合の問題のみであったと主張されるやも知れない．しかしながら，利益の追求という定式において，合理的という言葉を理論上含みこまざるを得なかったことは，そのことを否定している．この点ではマルクスも共有する功利主義の伝統において，目的は「所与」として扱われるかもしれないが，しかし，多種多様な利用可能な手段のなかからの選択があるはずであるし，また，かりに目的（ないしは目標）の達成における「利益」に関連して選択が偶然のできごと以上のものとして定義されるのであれば，よい選択とそれほどよくない選択とを比較する基準が存在するにちがいない．マルクスを含む功利主義者はすべて，よい選択は「合理的」であると仮定しており，このことは，まさにデカルト的な意味において，目的志向的な活動としての「行為」を知識と関係づけることを意味していた．これは，外的世界の対象がいかなるもので「ある」のか，という最初の「純粋に認知的な」問題から，行為者が利害関心のためにこれら対象をもって，つまり，それらを

「手段」として利用することによって彼らの目的をより効果的ないし能率的に達成するために，もしくは，対象によってもたらされる多様な障害や危険，脅威を回避するために，いかなることを「おこない」うるのか，という「道具的」問題へといたる知識概念の外延を意味していた．

このような伝統のなかにいる論者たちは，この外延に合わせるべく，デカルト的な知識の基準に可能なかぎり固執する傾向があった．この傾向は，いうまでもなくヨーロッパ大陸において多くの対立派をもつ経済学者にとくにあてはまるだけでなく，オースティン派の法学者，あえていうなら，その中間領域でのベンサムのような「民主主義」の理論家たちにも見いだされる．ところが，マルクスのみる問題はもちろんのこと，マルサスやベンサム，ジョン・ステュアート・ミルらによって，「社会的効用」に関し提起されたそのような問題は，このような文脈での功利主義の伝統を，少なくとも個人的利益 対 集合的利益といった問題と同じ程度に，「破裂寸前」の状態にまでもたらしたのである．

こうした知的状況のなかで大きな転換点となったのは，社会的行為の分析における妥当性に関して受け入れられてきた「合理性」概念への疑問である．この反応は，ほどなくとりあげられる心理学的次元および文化的次元を備えていたのであるが，しかし，その基本的な背景は，デカルト的な認識論を出発点とする発展に対するカントの反応にある．

3. カント

　イギリス経験主義は，ロックからヒュームまで，知る主体を白紙状態とする考え方に徐々に接近していったが，しかし，このことは，直観の図式と悟性の諸カテゴリーを通じた経験的知識の組織化というカントの考え方によって，根本的な異議申し立てを受けた．デカルトの用語では，知識におけるこれらの「要素」は，「向こう側」にある対象ではなく，知る主体に属するものであった——もちろん，これら二つの選択肢しかなかったわけであるが．しかし，この「主体」は，生物―心理学の伝統においても，あるいは知識と「欲求」との間の関係についての功利主義的な考え方においても，伝統的に個人にあるとされてきたもの以上を内包していることが判明した．後に言及すべきことになる社会システムの諸側面について何がいわれようとも，それは，明らかに「動機的な」構成要素——ともかくも功利主義的な欲求と関連しており，かつとくに重要である文化的構成要素を含んでいたのである．ある水準において，カントのいう主体の二つの基本的構成要素である直観の図式および悟性の諸カテゴリーを「感覚与件」とは区別して，生物学的な遺伝に帰することは可能であったのかもしれないが，しかし，両者は簡単にただちにそのように位置づけられ得るわけではなかった．なぜならば，主として生物学は，両者の性質を生物学的一般原理から演繹するための基盤を提供しなかったからである．しかし，ほんらい，それら構成要素を文化的であるとしてカテゴライズすることは，両者が人間の行為システムのその他の構成要素との相互依存という相対主義的な関係にあるのかもしれない，というありうべき問いを惹起すること

になる．とはいえ，カント自身は，経験的知識の地位に関して，この問いを提起することはなかった．

われわれは，このようなカント的主体の動機的側面および社会的側面の双方に関心をもつことになるだろうが，しかしここで，経験的知識という枠組では，われわれが現時点で「パーソナリティ」とも呼びうる個人におけるある種の「内面化された」地位と結びつく文化の構成要素をとても説明しつくせない，ということが注意されてもよいだろう．もし，われわれが文化を「シンボル・システム」からなるものと考え，これが「シンボル」を「意味」に結びつけ，ある種の「コード」によってそれが理解可能となる，と捉えるのであれば，経験的な認知に基づくコードに加え，表出的シンボルである「価値」――それが「道徳」であろうとなかろうと――や，またしばしば宗教と関係する高度に一般化された意味システムを「構成する」シンボル・システムといった，さらに追加されるカテゴリーないし類型が存在するにちがいない．カントは，認識論において，物理的世界についての経験的知識を重視することを彼の先行者と共有していたが，そのことは，非物理的な対象は経験的にまったく知りえない，という仮定へといたるだろう．おそらく，ここにおけるカントの視座の要点は，超越的「実在」に対し客観的かつ検証可能な知識を提供する神学の主張への彼の非常に鋭い批判にあり，それは，神の存在を合理的に証明することが不可能であるとする主張において，頂点にたっした．

では，神学的な意味において超越論的でない対象が占める地位とは，いったいどのようなものであるのか．支配的になったニュートン力学的な意味において，それら対象は，明白に「物理的」とはい

3．カント

えないものなのか．カント特有のカテゴリーである悟性などといった文化的な諸実体は，「客観的」研究を許すまさに「客体」であるのか，あるいは，たんなる「主体」の諸側面であるのか．もし，これらが問題となるのであれば，それでは，人々がそのなかで生活し，のちにデュルケムが社会環境における「事実」としてカテゴライズするにいたった社会組織とは何であるのか．その疑問は，有機体というよりむしろパーソナリティとしての個人における，少なくともいくつかの部分に関する位置づけにまで拡張されうるだろう．人々の「考え」や「動機」は経験的な客体なのか，それとも，知り，行為する主体の構成要素なのだろうか．

カントは，概して後者の選択肢を採用していた．「純粋理性」の領域とは対照的に，カントは，これらすべての実体，彼が完全に否定することのできなかった存在を，「実践理性」のカテゴリーのなかに位置づけたのである．彼の考えの究極にあったものは，宗教へのコミットメントが，神についての知識においてではなく，信仰において基礎づけられなければならないという著しくプロテスタント的な視点だった．しかし，カント主義のゆるぎない傾向は，神性のレベルをはじめとして，物理的なものではないすべての可能な対象と人間との関係を「実践化」する，ということにあった．上述の議論からいえば，功利主義の伝統において明確にみられる対象に対する「道具的」な観点をとくに強調する傾向は，カント主義において

---

(5) Troeltsch, Ernst, 1923, *Der Historisms und Seine Probleme, Gesammelte Schriften*, viii, Tübingen : J. C. B. Mohr.［＝1980-1988, 近藤勝彦訳『歴史主義とその諸問題』(上・中・下) ヨルダン社.］第２章を参照．

よりいっそう鋭く強調されていたばかりでなく，功利主義の個人主義的な前提が概して作用していなかった知的文脈においても生じていた，といってよかろう．トレルチがいうように，この全般的な傾向は，ロマン主義運動に多くを負っていたのである(5)．

4．カント以降の観念論と歴史主義

　私が示したのは，純粋理性というカントの考え方における知識のカテゴリーによっては適切に包摂されない三つの注意すべき焦点が存在することであった．すなわち，功利主義的な欲求概念の基盤となる「心理学的」なもの，および社会的なものと文化的なものである．カントが切り開いた新しい地平のなかで，ひとつの大きな方向へとほぼまっすぐにむかうに至った最後の道筋は，もっぱらヘーゲルの仕事を通じてのことだった．ここにおいてヘーゲルの主要概念は，客観的精神［objectiver Geist］のそれ，すなわち，カントがまがりなりにも受け入れていたデカルト的二分法を超越（止揚）するための，おそらくは意図的な一歩となる手続上の客観的なるものであった．精神［Geist］は，ほとんど翻訳不可能なこのドイツ語単語の含意がいかなるものであれ，明らかに物理的世界に対するカテゴリーではなく，そして，デカルト的な観点からいってその他のものはすべて「主体」に帰属することから，それは，このようなまったく形式的な意味において「主観的」であるにちがいない．しかしながら，とりわけそれは，個人の「自由意志」の領域に属するのではなく，他のものと同様に，この意志に対するひとつの「精神的」な決定要因であった．

　ふりかえってみれば，「観念論」哲学の中心的な主眼——ドイツにおけるその最初の局面はヘーゲルにおいて最高潮を迎えた——が，近代の社会科学者によって文化システムと呼ばれる傾向にあったものを，人間の条件すなわち行為の決定要因の分析においてもっとも注目すべき側面へと引きずりだしたことは明白だろう．このことは，

ひとつの見方によれば，カント特有の意味において，経験的であるとはいえない知識に対する彼の懐疑論を，きっぱりと放棄することであった．ヘーゲルによって，神に等しい「世界精神」(Weltgeist)へと高められた精神は，同時に，人間行為——それは意義深いことに「歴史」として言及される——の主要な決定要因となり，また，非常に明確に知りうるもの，すなわち知識 [Wissen] のカテゴリーにとっての対象となったのである．ごく当然なことに，そのような見方は，文化の世界，すなわち精神の世界に対するこういった知識が，「各学問分野」——われわれは，ふつう英語でこのように表現するが，しかし意義深いことに，ドイツ語では学問 [Wissenschaften] となる——の体系的な集まりへと組み入れられるべきである，という点を明確にした．これらは，英語圏において知られるようになった非常に広い意味での「人文諸科学」である．

　このように，デカルトによる有名な二分法は，西欧的「精神 [mind]」における「分割」としてしばしば解釈されてきたものを定式化することになった．ひとつの考え方によれば，ドイツ観念論は，しかるべき責任の取り方を明確にしないままに，「客観的に」知られうると主張される「客体」について，第二のカテゴリーを設定することによって「重罪を示談にした」ともいえる．これは，ヒュームに対する強い反動であり，経験的な物理的知識のもっとも単純なカテゴリーへと広がる懐疑論を「超越」するほどのものであった．この領域において，カントは認識に対する保証をふたたび確立したものの，よりいっそう苛立たしい形をとって，個々の人間主体の観点からみられる「客体」のその他すべての領域において懐疑論が再出現したのである．

このことは，二つの困難な問題を残すことになった．ひとつは，文化が同時に客観的であり主観的でありうるという論点の含意を明確化する，という明白な課題である．他方は，人間の条件における諸側面として，「物理的」でも「文化的」でもない人間行為の領域ないし構成要素に何が生ずるのか，という社会学にとって特別な重要性をもつ問いである．哲学における観念論の運動は，ヒューム以降の経験主義運動にみられる物理学主義的な実証主義と同じく，それら問いを締めだす傾向にあった．非物理的・非文化的側面は，おもに二つのカテゴリー，つまり先にわれわれが動機づけの問題と結びつけた「心理学的」構成要素，および，マルクスによる集合体水準における自己利益のカテゴリーによって表面化した「社会的」構成要素に包摂されるが，しかしそれらは，さらに議論されるべき数多くの方向へと分岐していくことになる．

ドイツ観念論の伝統における中心的な流れには，ヘーゲルの準拠点を起点とするとくに重要な二つの一般的な発展すなわち，より「カント的」な立場という点での少なくともある部分での妥協があった．ヘーゲルが進化論者だったことはきわめて重要であり，その立場において彼は有名な「弁証法」の形式を提起することになった．これは，デカルト的な背景において哲学的指向性を相対化する主要な一歩であった．というのも，「テーゼ」も「アンチテーゼ」も，「全体的」真理を内包してはいないと考えられるからである．その後に続く「ジンテーゼ」は，このような観点からいえば，よりいっそうの真理を内包しているが，しかし，なぜその過程が一回のサイクルをもって終了することになるのかを理解することは，むずかしい．なぜ，先行するサイクルにとってのジンテーゼだったものが新

たなサイクルにとってのテーゼたりえないのかなどなど，この問いは無限に続くのではないのか．

　ヘーゲルと，このような進化のパターンにおいて彼に追従したマルクスは，ともにこの連続をうち切ったのであるが，ヘーゲルにおいては彼自身と同時代の状態において，マルクスにおいては彼が近い将来において到来すると予期していた状態においてであった．両者による幕引きは，ともにわれわれにはもはや恣意的であるように思われる．

　しかし，社会―文化的進化の弁証法的形態は，弁証法過程における三つの「システム」間の結合が解消され，無視され，またそれらおのおのが，観念論的視点において「文化」に該当する自律的なシステムとして設定される，という点で，相対化の方向へと一歩踏みだすための刺激を提供した．これは，ドイツにおける「歴史主義」(Historisumus) の少なくともひとつの主要な流れが到来したおもな道筋であった．ヴィルヘルム・ディルタイは，19世紀後期のドイツ哲学におけるこのような視点に関するもっとも卓越した唱道者であり，彼の視点は，世紀の転換期およびそれ以降に社会学がむかうことになったアプローチの定式化において，ひきたて役を務めることとなった．

　結局のところ，このような方向性は，もっとも目立ってはアメリカの文化人類学において「文化の相対性」という教義へと一般化され，そこにおいて「歴史」は，基本的に相互比較が不可能な別個の諸文化に対する実質的な「母集団」として認識されうるのであった．たしかにこのような見方は，その名前を想起させるルース・ベネディクトによってすら，いまだかつて本格的に実現されたことのない

ような極端なものではあるが, しかし, それは明らかに重要な趨勢, すなわち文化現象のおそらく支配的な唯一の特徴としての個別性を重視する, という趨勢を示していた.

文化の相対性という考えに横たわるのは, ニュートン力学における論理類型の普遍法則に基づく説明へと帰着することになる考え方, つまり「身体的」な世界をも含む物理的世界に対する概念化が普遍化という抽象の手続きによって生ずる, とするような素朴な観察者には計り知れない考え方である.「文化」の側面において, あるいはその意味でデカルトが同一視した主体の側面において, 対象を概念化することは, ことの「本質」からいって「歴史的」, 発生論的であり, 個々の現象が有する本来的な固有性にかかわっているに違いない.

したがって, エルンスト・トレルチの有名な言明によれば,「デカルトは, 意識 (Bewußtsein) を彼の出発点とするにあたって, すでに暗黙のうちにあたえられる基礎的な二重性を仮定していた. つまり, 普遍法則に従属する身体的な (körperbezogene) 事柄への関心, および自己 (ich) ――それゆえ意識の歴史的―発生論的な内容に対する関心である」. 後者の要素に対して彼は, その「歴史的対象 (Gegenstände) としての唯一性, 非再生産性および特殊性」を強調し, それを間違いなく個性のひとつとして特徴づけている[6].

トレルチは, ドイツ観念論の伝統においてこのような選択を決定づけた二つの主要な学問的影響, すなわち「純粋」理性と「実践」

---

(6) 前掲書105頁［邦訳（上巻）160-161頁］および120頁［邦訳（上巻）184頁］を参照.

理性との対比を強調し，物理学的領域の外部にある知識に対する認識の妥当性を懐疑したカント，および観念論哲学の発展と緊密に関係したロマン主義運動を選びだしている．しかしながら，なぜ概念化における普遍化の側面と特殊化の側面とのこのような対比がデカルトのパラダイムにおいて「明らかに潜在」していなければならないのか，を説明することは困難である．われわれが自らの考え方において第一に「文化的」であると定義する観念論的な対象は，いわゆるデカルトのパラダイムにおける非外部的側面の「主観性」によって「汚染」されているがために，客観的世界におけるある種の「二級市民」として認識されるのではないか，とすらわれわれは疑うことになるだろう．このため，それら対象は，たしかに唯一の個性の記述という水準において部分的にのみ「知られうる」と主張されるのだが，たとえば因果関係の観点といった他の現象との関係においては，そうでなかったのである．

「コイン」のもう一方の面は，ある場合において「実践」がたんなる「知識」よりも明らかに優位性をもつ，と仮定ないし主張することであった．物理的世界に対する知識は，この観点からみれば，技術的な応用を通じて充分に「手段化」されうるのであるが，しかし，「行為」——いまの文脈においては明らかに曖昧な概念である——と呼ばれる世界については，そのような現象の主体的「本質」は，たとえ認識の対象としてであっても，いかなる既存の状態よりも価値にいっそう合致するよう変化をもたらすべく状況および時間の世界へと介入する関与の仕方に存在するにちがいない．しかし，このような目的志向的意味における行為の基盤は，もとより特殊的なものであり，ドイツ思想に関連する言葉でいえば，「個性化〔individualizing]」——「個別的［individualistic］」ではないことに注意されたい——，リッカートの用語法では，「法則定立的」ではなく，「個性記述的」ということになる．

　文化的対象が認識のうえで二義的なものであるという主張を「ひっくり返す」もうひとつの重要な考え方がある．これは，理解 (Verstehen)，つまり（概念的把握［Begreifen］とは区別される）意味に対する「直感的な理解」に関する有名な原則にみいだされる．物理的対象が「外部から」のみ，つまりその「本質的な性質」においてではなく，その関係においてのみ理解されうる一方で，文化的対象や人間の動機は，その「本質」において「意味」を直接に把握することによって理解されうる，というのがその考え方であった．この見方は，理解 (Verstehen) を通じて「真の本質」が認識できる場合に，一般化された概念化が不要であるということにおいて，個性の教義をいくぶんか支持することができたのである．このことと関連しているのは，一般化された概念化が，その分析的な抽象化によって対象の「有機的」な全体性をいくぶんか損ね，それら対象を因果連鎖における「たんなる」結びつきにすぎないものとする，という考え方である．

　知識社会学の問題が登場するためには，ドイツ観念論の側での飛躍的な発展にむけたあるひとつの最終的な構成要素が形成されなければならなかった．いくたびか注目されてきたように，デカルトによる二分法以降，ひとつならぬ構成要素が外的世界の対象の性質によって基本的に「決定づけられる」とする経験的な認識——その内容は主体によって明らかに「知られる」ものであるのだが——と対比されてきた．しかし，このような考え方の多くは，カントおよび

彼の後継者によって修正されることになった．知識のカテゴリーとのこのような対比において，カントは，とりわけ政治的目的，つまり集合的なそれを意味する「実践的」目的の達成を企図することと明らかに結びついた「実践理性」を主張した．このことは，イギリスの功利主義における集合的目標への関心，マルクスによって提唱されたより一般的な「利害関心」の理論へとつながるであろう．

　しかし，ヘーゲルは，精神（Geist）に対する彼の解釈において，よりいっそう「合理主義的」な方向へとむかった．とりわけ，このことには，まったく字義どおりの意味で「形而上学的」な認識的含意がある．超越論的実在に関する「知識」の地位がどのようなものとして判明しようとも，そのカテゴリーには二つの別の構成要素が含まれていた．それらは，生物学的に遺伝する「動因」や本能とは区別される，ある意味で「理解可能」な動機であり，また，ここで特別な重要性をもつカテゴリー，すなわち価値である．

　マックス・ウェーバーが，独力ですべてやり遂げたわけではないものの，社会システムに対して新たに重要な意味を与えたようなやり方で，観念論思想に対する根本的な再編成を達成したのは，まさにこのカテゴリーをめぐってのことであった．そのさい彼は，ヴィンデルバントによって，しかしとりわけハインリッヒ・リッカートによって打ちだされた知識に対する新カント学派の理論に大きく依拠することになった．

5. マックス・ウェーバー

　ウェーバーの学問的経歴におけるもっとも深い関心のひとつは，合理性の性質および多様性に関する問題であった．17 世紀以降，中心的な準拠点であった経験科学，とくに物理学の重要な意義を避けて通ることは不可能だったのである．しかし，このことはいくつかの未解決の問題を残すことになり，それらは，第一に，知識と「行為」ないし実践との間の関係とは何か，第二に，デカルト―カント的な意味における経験的知識は知識の唯一の形態であるのか，第三に，知識がことによると経験的および非経験的領域の双方において，あるいはそのいずれかにおいて「合理的」であり，かつ知識に「基づいた」ある種の行為がまた合理的であると呼ばれるのであれば，これら三つのあり方のいずれでもなく，またそれらのいかなる組み合わせでもない，合理的性のカテゴリーにあてはまるような不合理性ないし非合理性のカテゴリーは，なおも存在するのであろうか，というものであった．

　ウェーバーは，合理的に定式化が可能で，また「理解可能」である領域を描きだすリッカートの試みにおおいに引き寄せられていた．その領域は，経験的なものとして受け入れられてはおらず，またある種の存在論的な知識――それは，ウェーバーのみるところ，カントが不可能であると証明したもの――の受容が求められるという意味で形而上学的なものでもない．これは，価値の世界，ウェーバー以降の言葉でいえば「望ましいものの概念」の世界であった．ウェーバーは，かくあるべしという理想と経験的に存在する現状との間の根本的な緊張を決して疑うことがなかった．彼にとって人間は，

所与の現状をいっそう望ましい状態へと変化させることをつねに「能動的に」志向するものであったが，もっとも，その信念の性質は，変化にむけた努力の大きさと関係している．

しかし，知識の純粋に経験的な構成要素や所与として単純に想定される目標や目的の達成にむけられたその手段的「適用」がある意味で合理的であると考えうるだけで，いったいどのようにして合理的・行・為（Handeln）を理解しうるだろうか．これは功利主義的な考え方であり，まったく不合理な仮定，すなわちホッブズからオースティンにいたる伝統において定式化された「主権者の意志」によって，その「円環」は閉じられていた．政治的問題との明らかな関係において，ウェーバーは，支配の正・当・性・の基盤，すなわち従属者の行為を規制する権利としての支配者の「意志」に関する主張の論拠について，重大な問題を提起したのである．彼の基本原則によれば，そのような主張は価値——主権者とその「意志」に従属する者たちによって共有されていなければならないと考えられるもの——へのコミットメントを通じてのみ，正当化されうるのであった．

これらの問題に対するウェーバーのアプローチが，彼の初期の学問的経歴における法律学の訓練および法学的関心によって大きな影響を受けていたことは間違いなかろう．規範的秩序という概念は，社会現象としての法律および学問分野としての法学にとって，もちろん基礎的なものである．本質的にウェーバーが行ったことは，「実定」法の秩序から価値の秩序へと——主権者の「自由」意志よりはるかに普遍的であるに違いないという点で前者が後者のうえに「基礎づけられる」だけでなく，両者がある意味で規範的秩序の諸側面として同型であるとの強い仮定において——規範的秩序のヒエ

ラルキーを一段上がることであったように思われる．
(*)

　この意味において法は，明らかにひとつの学問分野（学問［Wissenschaft］）であり，それ自体，合理的なものである．このことが「実定」法に該当するのであれば，なぜ「道徳」律や「道徳的」秩序にあてはまらないことがあろうか．ウェーバーが有名な行為類型（ないし構成要素でもよいだろう）の分類において，ひとつではなく二つの合理性のカテゴリー，つまり「手段的」合理性（目的合理性［Zweckrationalität］）と「価値」合理性（価値合理性［Wertrationalität］）とを含めたのは，このことに基づいていた．この分類は，二つの不合理的なカテゴリー，つまり「伝統的」行為および「感情的」行為をも含んでいたが，それらについては後ほど触れることにする．

　ウェーバーが行ったことは二段構えだった．彼は，対象世界の概念に新たな区分水準を導入し，そしてこの新しい図式を行為のレベルに連結した．第一の段階においては，おもに彼の「科学方法論」（学問論［Wissenschaftslehre］）が獲得され，他方，第二の段階では，行為分析の主要な準拠枠組，つまり社会学を含む社会科学が構成されるにいたった．

　おそらく（合理的知識としての）科学「哲学」といった方がよいだろう彼の方法論は，自然科学（自然科学［Naturwissenschaften］）

───────────────

(*) ここでいう同型性とは，ウェーバーがドイツ語の妥当する（Gelten）という単語——おおよそ「規範的に妥当である［to be normatively valid］」と訳出されるだろう——を用いていることによる．これはドイツ法理論および法哲学のまさに中心的な概念であるが，しかしまた，ウェーバーはそれを価値に関する議論において，拡張して用いていた．

と，おもにヘーゲル以降の伝統にみる精神科学［Geisteswissenschaften］やカント以降の伝統での文化科学［Kulturwissenschaften］との間の，ドイツにおいて広く認められていた対照性を出発点としていた．もちろんウェーバーは，とくに彼のリッカートとの関係を通じて，後者に近かった．しかしながら，それら双方の伝統は，明らかにそのような対比を，一方で，分析的に一般化を行うという概念化（「法則定立的」）と個性化という概念化（「個性記述的」）との間の，他方で，「外的な客観的」研究（概念的把握）と「直感的理解」——ウェーバーの言葉でいえば意味理解［deutendes Verstehen］にあたる——との間の対比と同一視する，という同じ傾向を共有していた．この分析的な一般化と私が「外在的に客観的な」研究として困難をともないながら定式化したものとの組み合わせは，「文化的」対象に対してではなく，「自然」に対してのみ適合するであろう因果的説明へと帰結するものであった．

　しかしウェーバーは，これら「特徴づけとしての」二分法である両者を，双方の学問群の「方法」において分析的に定義可能な構成要素としてとりあつかった．彼が指摘しようとやっきになっていたことは，数多くの自然現象が固有のものであり，人間それ自体——彼は日暮れという事例を用いたが，そのほかに多くの例が考えられるだろう——によって知覚される，ということであった．しかし，彼はとくに，一般化ないし個性化といったいかなる科学的な概念化も，原理的には知りうる完全に具体的な現象についてすべての事実を，その認識的な意図とのかかわりにおいて定義し尽くすことはできない，と主張していた．すべての知識は，けっして知覚可能な情報すべてにではなく，選択されたデータないし情報に基づいている．

いっそう重要なことは，数多くの科学的学問分野——とりわけ地質学やいわゆる「自然誌」など——がおもに個性化という概念化に関して組織化されている，ということである．彼の時代におけるドイツの学問的環境からみれば，これとの関連でウェーバーが指摘したもっとも重要な点は，とりわけ直接的にはディルタイの後継者たちをかわしつつ，しかしより一般的にはドイツにおける「歴史主義学派」の広汎な連合を攻撃しつつなされた，文化的および社会的学問分野における・一・般・化・さ・れ・た理論の必要性と実現可能性の主張であった．したがって，彼による最初の批判の矛先は，ロッシャーとクニースによって体現された歴史主義経済学にむけられることになったのである(*)．

　概念把握〔Begreifen〕および理・解〔Verstehen〕——ドイツ語をもちいた方がはるかに便利である——の間の二分法を，彼は，自然科学および社会的─文化的科学の間の区別と交差するものとしてとり扱っていた．自然現象に対する理・解の地位がどのようなものであれ，彼は，とくに因・果・的・説・明を含む両者の方法が，私が呼ぶところの行為の科学には不可欠であると主張したのである．したがって，社会学に関する有名な定義において，彼は，社会学を「社会的行為を，その過程および結果を因果的に説明するために，解釈的に理解する試み(7)」の科学であると述べている．

　ウェーバーは，合理的に根拠づけられた存在論的知識は不可能で

(*) 社会科学における一般化された理論に関するウェーバー自身の概念は，ことに経済学の領域から導かれた「理念型」という，より一般的な形態をとっているという点で，充分に分析的ではないように思われる．ちなみに，彼は多くの批判者よりも，はるかに完全に経済学を修得していた．

あるとするカント主義の立場に強く固執していた．実際，本稿で検討してきた観念論運動は，すべてこのような否定的立場——初期の認識論が，自己および外的世界の実体に対するデカルト的な肯定的断定に基づいていたのと同様の意味で——に依拠していた．このことは，文化現象ないし精神に対する考察を，少なくとも部分的には非合理的であると呼ばれるかもしれない立場——やっかいな相対主義的含意をそなえた歴史主義へと結局はいきつくもの——へとむかわせしめることになったのである．

ウェーバーは，そのような立場全体を問題とするにあたって，ある意味で存在論的知識の「機能的等価物」を用いなければならなかったのであり，基本的にこのことが，かれが価値に関する知識に与えた意義であった．とくに重要な問題が，価値に関する「合理的な知識」の存在と可能性に関するウェーバーの考えのなかに浮上していた．ひとつの極端な解釈として，ウェーバーの親しい友人であり同僚であったトレルチは，ウェーバーの思想のなかにみられる価値の「多神論」に言及し，それら固有の個性がここにおいて極めて強調されていたことを明らかに理解していた．しかし，このような判断の正確さを疑うにたる充分な理由が存在する．

第一に，ウェーバーは，個人が自らコミットすべき価値を選択す

（7） Weber, Max, 1964, *Theory of Social and Economic Organization,* translated by Alexander M. Henderson and Talcott Parsons, New York : The Free Press. 88頁を参照．なお，翻訳書初版は1947年刊．同書は，ウェーバーの『経済と社会 [*Wirtschaft und Gesellschaft*]』前半部4章を翻訳したものであるが，現在では，以下の全訳が入手可能である．Weber, Max, 1968, *Economy and Society : An Outline of Interpretive Sociology,* translated by Guenther Roth and Claus Wittich, New York : Bedminster Press.

るにあたり非常に個別的な問題を持っていることを大いに強調していたが，彼にとって価値概念への着眼は，個人的であるというよりも，むしろ文化的なものであった．価値は，主要な歴史的・文化的システムを特徴づけ，そのシステムに関与する無数の人々の志向へと浸透していく，望ましい諸概念のシステムだったのである．

たしかに，これとの関連で，ウェーバーが強調した合理性は，あるひとつの方向において，行為の諸様式にかかわっていた．それらは，ある種の価値に対するコミットメントが前提されるとき，人間の条件およびそのさまざまなヴァリエーションという環境のもとで実現されるにあたって意義のあるものであった．しかし，価値パターンそれ自体は，ウェーバーにとってランダムに変化するものではなく，文化相対性の極端に狭義的な意味において純粋に個別的であるわけではなかった．ウェーバー自身が，この領域においては，彼がその他の領域において行ったような完全に体系的な類型を展開しなかったことは確かである．とはいえ，宗教社会学の比較研究から，彼がひとつの体系的な類型にむけてかなり進んでいたことは明らかである．その基本的な枠組みは，二つの重要な区分，一方では禁欲主義と神秘主義，他方では世俗内志向と世俗外志向との区分にある．(*)

これらの用語において，明らかに彼は，比較的「純粋な」古代仏教と禁欲的プロテスタンティズムとを，それぞれ世俗外的神秘主義，

(*) 私は，ウェーバーによるこれらの概念の定義と，部分的にだがその用法について，彼の『宗教社会学論集［*Gesammelte Aufsätze zur Religionssoziologie*］』の英訳版（Boston: Beacon Press, 1963 年）の序文において検討したことがある．この論稿は，私の『社会学理論と近代社会［*Sociological Theory and Modern Societies*］』（New York: The Free Press, 1967 年）に再録されている．

世俗内的禁欲主義という根本的なアンチテーゼとして考えていた．トレルチの隠喩にたちもどれば，多神教は，神性のでたらめな複数性によってではなく，その内である種の「分業」がみられる「パンテオン」によって一般的に特徴づけられるといってよかろう．

ウェーバーが，諸価値に関する考え方において，それぞれの「価値システムの類型」を別個にとり扱いつつ，しかし，その違いを一般化された基準的概念の範囲内での変異という観点から定義しながら，一般化および個性化という双方の概念化の様式を組み合わせ
・・・・・・・
ていた，という結論は正当化されるだろう．諸価値システムより成るひとつのシステムというこの考え方は，いかなる他の価値がそこに付着していたとしても，その実現においては合理性が伴う，というウェーバーの概念図式における価値合理性への言及を，このような水準においてまさに正当化している．

ところが，ここにはさらなる問題群が立ちはだかっている．先に述べたように，ウェーバーは，行為の遂行と価値とを関係づけるさいに，正当性の概念を，とくに政治的支配の領域——実際，彼は，正当性の概念に関して有名な支配類型を作りあげた——において，おおいに強調していた．つまり，さらなる問題とは，支配やその他の制度を正当化することになる価値の正当性に関する「基礎づけ」の問題である．ここでまたウェーバーは，彼の「意味問題」に対する考え——それらへの解答は，価値コミットメントの基礎づけを構成している——において，ひとつの準拠枠組を提起していた．この問題群は，もちろん「形而上学的」なものであり，神義論の問題へと発展するものであった．ここで注意すべきは，ウェーバーが，文化史において完全に首尾一貫したこれに対する解答は二つだけ，つ

まり，カルマおよび輪廻を中核とするインドの教義およびカルヴァン派の預定説だけであった，とたびたび述べていたことである．これら両者と，彼がいう価値志向の両極という概念との間の結びつきは明らかである．第三の解答として，善の原理ないし作用と悪のそれとの間で，解決の基準などないまま闘争が永遠に続くというゾロアスター教的・マニ教的な考え方がありうるが，これは「首尾一貫」してはいるものの，不確定的であるがために明らかに劣ったものである．

ウェーバーによる意味問題と価値のそれに関する解答において同一の合理性基準が基本的に適用されていたことは，明らかであろう．これら問題の解決には，多様性と個別性とがみられるが，問題群それ自体の構造には一般性がある．さらに，この構造の根源もまた明白だろう．それは，今日，人間の条件としばしば呼ばれるものの本質的な「事実」ないし「性質」のなかにある．これらは，次のような問題にかかわっている．すなわち，人間の生の有限性——誕生が死に結びついているということ——という問題や，なぜ受難や挫折が存在し，また存在せざるをえないのかという問題，善に関するどのような価値基準が受容されていようとも，やはり悪が存在するという問題，個々の人間の感覚にみられる「生」の「有意義性」とその否定という問題，さらには，「存在」といったより抽象的で形而上学的な実在に関する問題である．

このような秩序に関する考察は，ウェーバーの時代以前およびそれ以降における数多くの哲学運動にとって，もちろん中心的なものであった．しかし，彼は，それらを知識社会学をも含む社会科学における主要な発展パターンに非常に近い観点から定式化していた．

こうした立場にみる彼の仕事は未完成におわったが，おそらくそれらは次のように要約されるだろう．すなわち，知識の諸問題に対する関心から行為に関するそれへと歩を進めることで，合理性に関する問題が新たな形で顕在化したことである．功利主義的な解決は，狭い意味では非常に有効であったが，広い意味ではひどく不充分なものであった．集合的行為に関して正当性の問題がいったん顕在化すると，共有された価値ないし共通の価値の位置づけという問題にむきあわざるをえなくなったのである．ここにおいて「歴史主義的」相対主義は，明らかに不充分であり，実際それは，功利主義者によって仮定された個人の欲求に関する共約不可能性という教義のたんなる文化的―集合主義的な焼き直しにすぎなかった．しかしながら，カントによる伝統的な存在論の破壊は，そのような相対主義だけが学問的に耐えうることを証明していたように思われる．ウェーバーは，リッカートとともに価値の諸問題から出発し，さきに素描した普遍性と個別性との組み合わせへと到達した．価値をめぐるそのような立場からみると，意味問題と彼のいう「合理的」世界でのそれらの解決とをとり込むために，さらなる一歩が不可欠であった．

　このことは，存在論的知識における合理的根拠の回復に向けた試みに他ならなかった．間違いなくカントが「拒絶した」であろう見方との違いは，それがそのような知識を新たな一般性の水準において回復したという点にあった．キリスト教的神の存在証明は，すべての非キリスト教的宗教の「虚偽性」を指示するレベルにおいてはたしかに哲学的に支持しえなかった．しかし，このことは，より普遍的な地平において，「宗教」が究極的には「非合理的」であると

いうことを示唆しているのではなかった．まさにその逆で，人間行為の規範的および条件的な構成要素間での「緊張」が受け入れられるならば，条件に対する知識は，けっしてそれ自体で規範的義務を受け入れるための適切な根拠を構成することはできず，それができるとする主張は，実証主義的な過ちである．価値として筆頭にあげられる規範的コミットメントは，合理的に遂行されるに違いなく，また遂行されうるだけでなく，それらは理解可能なシステムのなかでの選択肢として合理的に理解されうるのであり，そのシステムにおける選択の基盤は，理解可能な理由がそのような選択肢に与えられているという点で合理的であるに違いない．これらの理由はたしかに形而上学的ではあるが，しかし，ウェーバーが行ったことは，形而上学的問題の一般性の水準をおしあげたということであり，その結果，世界観および価値の歴史的な多様性は，「人間的に有意義な」志向性という一般的標題のもとに包摂されることになったのである．

6. 不合理的構成要素の地位

　学問論(Wissenschaftslehre)という形で自らの「哲学」を頻繁に語るのは、ウェーバーの特徴である。しかし、それらは人間の条件とその環境全般にかかわっているため、彼は、実在する諸領域のおのおのにおいてたち現れる認識論的問題の多様性とともに、それら全領域にみられる性質と意味とに関与せざるをえなかった。このことは、かまびすしく思索的なドイツの哲学者の多くが、彼を「実証主義者」だとして糾弾した論拠となっていた。

　ウェーバーの基本的・実質的な科学上の問題は、多かれ少なかれすでに言及した技術的な意味での行為に関するものであった。合理性概念への二重の準拠が、彼の哲学と行為領域における理論とを架橋するかなめとなっていた。数学のように純粋に概念的な構造が合理的でありえるという考え方とは区別されるものとして、彼にとって行為は、先に述べたいくつかの意味での知識が行為に対する支配的な決定要因としてとり扱われうるという限りにおいて、合理的なのであった。このため彼が、すでに述べた合理的行為に関する二つの類型、つまり道具的および価値合理的という類型について、行為と状況との関係における条件的および規範的準拠として私が他の場所で分析したものに関連させつつ定式化を行ったことは、非常に意

(*)　サミュエル・アイゼンシュタットは、自らが編集したウェーバーの論文集『カリスマおよび制度構築について [*On Charisma and Institution Building : Selected Papers*]』(Chicago : University of Chicago Press, 1968 年) の序文において、後期マンハイムの英語による著作にならい、ウェーバーの言葉を「機能的」および「実質的」合理性と翻訳している。このような英語訳の方がより好ましいであろう。

6．不合理的構成要素の地位　51

義深い．

　ウェーバーは，これら二つの合理性カテゴリーが行為の構成要素を余すところなく説明するものではなく，また説明しえない，ということに充分に気づいていた．彼が，分析的構成要素よりも類型の定式化に傾倒していたがゆえに，合理的行為の二つの類型に対応させるべく二つの不合理的行為の類型を定式化したことは，驚くにはあたらない．(ウェーバーが，不合理性と非合理性との区分についていくぶん曖昧だったことは重要である)．しかし，彼が提起した二つのカテゴリーは明瞭性に欠け，また二つの合理性カテゴリーとの関連性は，著しく欠如していた．一方では「伝統的」として，他方では「感情的」として，両者は二つの異なった方向において残余範疇の色合いをもっており，前者は，変化と対照的な安定を強調するものであり，後者については，彼は「感情的」ということをそれほど明確な形ではなく「とりわけ情動的で，行為者の特定の感情と気分とによって決定される」ものとして特徴づけていた．ここには安定性という含みはまったくなく，合理性との対比以上の何ものもなかった．またウェーバーは，伝統的および感情的行為を，「意味的に志向される行為とまさに呼ばれうるものの境界に非常に接近したところにある[8]」ものとして特徴づけている．

　ウェーバーによる行為の不合理的構成要素に対する合理性のとり扱いがもつ含意を体系化することを可能にするには，より自由に彼自身の言明を修正したり，外挿したりすることが必要となる．論理

---

(8) Weber, Max, 1964, *Theory of Social and Economic Organization*, p. 116.

的な対称性が維持されなければならないのであれば,二つの主要なカテゴリーがなくてはならない.その際,第一に私は,伝統主義がそのひとつとして扱われるべきではない,と考える.というのもこれは,志向の安定性という経験的事実を,そのあり・なしにかかわる諸要因に言及することなしに,過度に重視するからである.

したがって,不合理性のカテゴリー——私は,もっとも一般的なレベルにおいて明らかに非合理的ではないと考える——の双方は,より感情的,すなわち「情動的」であると認識されるべきである.ウェーバー自身,そのうちのひとつとして,広く議論され,かつ使用されてきたひとつの概念,つまりカリスマという概念を規定しているが,もっとも,彼は自らの行為類型においてそれを位置づけることはなかった.これは明らかに,認知的側面を強調した場合での価値合理性に対応する不合理性のカテゴリーである.アイゼンシュタットにしたがい(9),とくにそれが一類型としてでなく,分析的な構成要素としてとり扱われるのであれば,非常にすわりがよいように思われる.より一般的な定式化において,それはまた,個人のパーソナリティそれ自体や変動それ自体とは切り離されるべきである.双方の文脈において明確な出発点を設定したのはウェーバー自身であり,それらをさらに推し進めているのがアイゼンシュタットである.このことがなされたあかつきには,私がはるか以前に述べたように(10),カリスマ概念は,デュルケムがいう聖なるものという概念へ

---

(9) Eisenstadt, Samuel N. (ed.), 1968, *Max Weber : On Charisma and Institution Building,* Chicago : The University of Chicago Press.

(10) Parsons, Talcott, 1949, *The Structure of Social Action.* 第17章を参照.

と——デュルケムは、ウェーバー的ないかなる意味においても合理性に関する問題をそこでは設定してはいなかった、という点が大きな違いであるが——非常に接近することになるであろう。

このことに加え、心理学の伝統においては、動機づけを構成する不合理的要素を指す概念群——ウェーバーのいうカリスマおよびデュルケムのいう聖なるもの双方と違って、文化への規範的な準拠を含意するものではない——が長らく存在してきた。「情動」なる概念は、おそらく曖昧にすぎるだろう。おそらく最善の問題解決の糸口は、「本能的諸力」というフロイトの概念が採用した方向であった。というのも、それらについての彼の解釈は、生物学的遺伝において特定のパターンが規定されるという旧来の慣習的な行動理解から大きく離脱したからである。後期の著作においてフロイトは、このような構成要素をとくに「快楽原則」と関係づけ、高度に一般化された動機づけの「媒体」——とりわけこの媒体が結びつく対象は、遺伝的に所与ではなく、日常の経験において学習されるものであるとされていた——として解釈していた。感情という概念を、このような構成要素を指すものとして用いることは魅力的であり、ここでは、私もそれに従うとしよう。^(*)

これらのウェーバーに対する修正が許されるなら、行為の構成要素の分類を生みだすことになり、それは、ウェーバーが傑出した独

(＊) ここで立ち入ることはできないが、このような選択に伴う混乱を回避する技術的な問題がいくつか存在する。私の論文「社会学における一般理論の諸問題［Some Problems of General Theory in Sociology］」(Mckinney, John C. and Edward A. Tyriakian (eds.), 1970, *Theoretical Sociology : Perspectives and Developments,* New York : Appleton-Century-Crofts.) を参照。

創性と明確さをもってやり遂げた学問分野で具体化された知識の構成要素の分類とまさに一致する．このような意味での行為は，認知過程が必須の役割を演じつつ，しかしまた同じように重要な非認知的構成要素をも含むに違いないメカニズムを通じて，自然世界と人間生活にみる文化世界とを連結するだろう．このような観点からすると，鍵となる連結メカニズムを指すものとして価値概念を捉えるウェーバーの選択は，完全に正当化されるが，しかし，そのカテゴリーの意味は，ウェーバー自身による定式化がなしえた以上に，その機能をより明確化する体系的な文脈のうちにおかれることになる．

　ウェーバーが行為類型と呼んだその有名な分類に対するこのような修正は，二つの合理性カテゴリーおよび二つの不合理性カテゴリーという構成要素としてより適切にとり扱われうるのであり，一方では知識の構成要素に，他方では行為システムの分類に関係づけられる．その二つの合理的構成要素は，一方では，明らかに本来カントによって分析されたような意味での経験的知識の理論構造に対応し，他方では，意味問題の構造に関係する価値可能性のシステムの合理的枠組に対応している．行為における二つの不合理的構成要素は，第一に，経験的知識の究極的な「データ」という要素に，そして第二に，ウェーバーのカリスマ概念において定式化された非経験的「現実」の「侵入」に対応している．

　知識というものを含む行為の諸構成要素は，今度は行為システム——私は，その基礎づけにおいてウェーバーやデュルケムなどにおおいに依拠しつつ，それを四つの基礎的カテゴリーの観点から分類することが有用であると再び気づいた——において組織化されるようになる．文化および社会システム——ここでの議論が開始される

もととなったその区分——は，これらのうちの二つである．しかし，デカルト的パラダイムに端を発するさまざまな知る主体に関するわれわれの議論では，技術的な意味においてパーソナリティ・システムと呼ぶ具体的な個人の諸側面に関するカテゴリーをとり扱うことが必要であると判明した．パーソナリティは，その他の二者の場合のように，行動有機体——とりわけカントのいう感覚与件が行為へと入る「通関港」である——とは区別され，かつ接合されるものと考えられるべきである．これら四つの行為のサブシステムは，諸構成要素と同様に，たんに類型としてよりも分析的に理解されるべきである．それらの相互関係のいくつかは，次章において概観されよう．(*)

ウェーバーにとって，社会科学の方法論的および理論的枠組のあの見事な解明と拡張とが，観念論の伝統の枠組内部においてのみ可能だった，ということはたぶん事実だろう．この点について，イギリスの功利主義思想がどちらかというと理論的に脆弱であったことは，本稿の始めの方で手短に議論したところからも明らかである．しかしながら，観念論的伝統も，じっさいには「自然」と「文化」の間を二分する傾向が非常に強かった．ウェーバーは，受け継いだ障害をとり払うことにおいてどれだけ前進しようとも，ある程度このような「偏見」を共有していた．このことが重要となるのは，社会的相互作用の概念に関する理論的基礎づけ，つまり社会システム分析という概念および理論的アプローチという文脈においてであっ

(*) これら行為のサブシステムに関するより詳しい説明，およびその背後の理論的根拠については，前掲のマキニーおよびティリアキアンによる編書を参照．

た．ルソーやサン・シモン，コントに由来するフランスの伝統において，このような特定の領域における障害は，それほど手ごわいものではなく，またデュルケムは，ウェーバーよりも洗練されたレベルにおいて，いくつかの点に関してまさに多大な貢献を果たしたのである．

7．相互作用と相互浸透

　デカルト的なパラダイムにたち戻ってみれば，「外的世界」は自然の世界であり，他方で，知る主体は，とりわけ彼の認識活動の結果と関連して文化の世界に属している，と解釈されていたことが想起されよう．しかし，行為に話が及ぶとき事態は複雑になってくる．それでも，ここにおいてすら，動機づけの「心理的」側面を自然の世界に，また目標や価値などの存在を文化の世界に同化させる傾向が強かった．あれほど社会学的な洞察力をもっていたウェーバーですら，個人行為の概念から出発し，次いで行為一般の下位類型としての「社会的」行為へと議論を進めていったことは意味深長であった．私のみるところ，この側面において理論的な優先順位をひっくり返したのは，まぎれもなくデュルケム学派である．

　行為という言葉によって，われわれが，まさにウェーバーの考えたように「意図された意味」によって導かれ，ないしは志向される人間の「行動」というカテゴリーを意味するのであれば，社会的相互作用から派生しない行為はありえまい．このことは，その意味というものが，ひとつないしそれ以上の文化的コード——たとえば「言語」は個人の「精神」に本源的に帰属しているはずはなく，相互作用の過程において生みだされ，かつ学習される(*)——に依拠することなく，「意図される」ことも解釈されることもありえない，という単純かつ基本的な理由による．

　社会的相互作用という現象における分析的な基本要素の解明に，これほどまでに時間がかかったことは，いくつかの意味で驚くべきことである．しかしながら，そこには，思想史におけるその他多く

の事例と同様に，相互にまったく無関係とはいえない複数の源流の収斂が存在していた．なかでも，四つの源流のうちの二つが，とりわけ明確なその解明作業を行っていた．デュルケムとフランスにおける彼のサークルに属するその他の者，および，ウィリアム・ジェームズによる自我の提唱に基づきながらもチャールズ・ホートン・クーリーや W・I・トマス，とくにジョージ・ハーバート・ミードの流れにおいて築きあげられた，アメリカにおける「社会的相互作用主義」の社会心理学者たちである．またそれほどにははっきりとしない貢献として，フロイトやウェーバーからのものがあった．[11]

おそらくここでもっとも枢要な点は，さまざまな組み合わせが可能となる一連の分析的に定義された構成要素のために，固定化された二分法が放棄されるべきである，ということだろう．まさにこれは，学問方法論のレベルにおいてウェーバーが行ったことなのであるが，しかし，行為のレベルにおいては充分になし遂げられなかった．とくに重要な点は，同一の具体的実体が，社会的相互作用システムにおいては外的対象および知る主体の双方として，また認知的

(*) コードの重要性および機能に対する全般的な理解は，ウェーバーやデュルケムの時代以降に著しく進展した．言語学，サイバネティクスや情報理論の科学の発展が，まさに中心を占めてきた．もっとも注目すべきは，生物学の中核としての「新しい遺伝学」であり，それは，生化学的コードを通じた組織的なパターンの再生産が遺伝の基本的仕組みをなしていることを示し，この知見によってこの分野は，以前に考えられていた以上に行動科学と密接に関連することになった．ジェイムズ・ワトソンの『二重らせん [The Double Helix]』(New York: Atheneum, 1968 年)，ギュンター・ステントによる『ディーダラス』の論文 (1970 年，秋) を参照.

(11) Parsons, Talcott, 1967, "Interaction," in David Sills (ed.), *The International Encyclopedia of Social Sciences*, New York: The Macmillan / The Free Press volume 7, pp. 429-441. [＝1992，江原博次訳「第 7 章社会的相互行為」田野崎昭夫監訳『社会体系と行為理論の展開』誠信書房.]

7. 相互作用と相互浸透

構成要素以外を含む「行為」の文脈においては,「行為者」および行為状況での対象の双方として認識される,ということである.

これらは,社会学者が「役割」と呼ぶものであり,もちろんつねに同一の状況において演じられているわけではない.したがって,その個々の場合の相違は意義を失うものではないが,しかし,社会システムの分析においては,その二重性は決定的であり,固定的な「二者択一」を課す傾向は,いかなるものであれ深刻な歪曲となる.ウェーバーにもこのような傾向がいくぶんかみられ,それは一方で,個人行動の理論的優先性に関する主張において,またおそらく他方で,「観念」に関する彼のとり扱いにたぶんに含まれる「合理主義」においてはっきりと現れていた.(*)

上記の二分法を,具体的な実体としてではなく分析的諸構成要素の分類として議論する方向への転換は,社会システムの理論的分析にとって中心的な足がかりであったが,それはさらに深い一群の意味を含んでいた.それらは,具体的人間である「個人」や実体的意味での社会ないし社会集団,もしくは「文化」でさえも,分析的な複合体として,またこれら分析的諸構成要素のひとつではなくその全範域から帰結ないし「具現化」されるものとして,とり扱われな

(*) こういった考察は,学界においてみられる明らかに矛盾する諸傾向を説明するものであり,とくにドイツではウェーバーは「実証主義者」として見下され,他方,アメリカにおいては,彼はもっぱら「観念」の視点から主要な歴史現象を説明した——とりわけプロテスタンティズム—資本主義問題の事例において——人物であるとして解釈されている.私自身は,個人行動に対するウェーバーの正当な強調を破棄したとしてマーチンデールから非難されている.「実証主義」の項を参照.(12)

(12) Turk, Herman and Richard L. Simpson (ed.), 1971, *Institutions and Social Exchange : The Sociologies of Talcott Parsons and George C. Homans* Indianapolis : Bobbs-Merrill.

ければならないという洞察と関係していた．

「社会」が「諸個人」から「構成されている」というのは，初期の社会科学にみられるある種の常識的なドグマであった．しかし，このことの裏返しの言明は驚き以外の何ものでもなかったため，後期デュルケムの断言——「社会は個人の精神のなかにのみ存在する」——は，たんなる衝撃的な不信をもって迎えられた[13]．それは，（ある研究者たちの間で）長らく疑われていたデュルケムの精神錯乱の決定的な証拠を示すものと見られたのである．もちろんデュルケムが行おうとしていたことは，文化的諸構成要素，とりわけ規範的なそれと，集合的な「同一化」との双方を，個人の・パ・ー・ソ・ナ・リ・テ・ィの一部として・内・面・化するという，非常に基本的な現象として今日のわれわれが理解しているものを劇的に表現することであった．このような見地からいえば，個人および社会は，・具・体・的・にに単純に分離されうることはなく，ただ分析的にのみ区別されうるだけである．しかし，ひとたびこのことが理解されるならば，具体的レベルでの二分法に許される以上に，はるかに強力な理論的分析へと扉が開かれることになる．

ここでの目的からいえば，たしかにデュルケムは，おそらくこのような大きな転換にとってもっとも重要な独自の開拓者であったのだが，しかしながら，「投入」や超自我という概念，さらには「喪失した対象の沈殿物」としての自我そのものの概念を発案したフロイトの栄誉を称える者も多いであろう．また，とりわけトマスの

---

(13) Durkheim, Émile, 1965, *Elementary forms of Religious Life,* translated by Joseph Swain, New York : The Free Press.

「状況の定義づけ」や，ミードの「一般化された他者」といった概念を伴うアメリカの「相互作用論者」にも高い評価が与えられるべきである．ウェーバーは，とくに具体的な社会生活において特定の行為類型を導くことになるプロテスタンティズムの倫理へのコミットメントという考え方――経済的領域において，いかなるものであれ所与の欲求を「満足」させるべく行為する個人といった功利主義的な考え方とはまったく異なる見方――において，たしかにこのような「系列」のうえにあった．

個人のパーソナリティにおける文化的および社会的対象の「内面化」と呼ばれてきた現象は，第一に，行為システムのすべての主要なサブシステム間相互の，そして決定的な意味では物理的環境と行為との間の相互浸透と私が呼んできた，より一般的な現象の一特殊ケースであることが明らかとなってきている．(*)

したがって，われわれは，社会システムにおける文化的諸構成要素の制度化および，社会成員としての個人の社会化について論じることになる．行為に四つの基本的なサブシステムが存在するなら，それらの間には相互浸透の六つの様式が存在するに違いない．われわれは，パーソナリティおよび有機体の双方としての個人にみられる社会化と「文化変容」とを，また文化の内面化と社会的対象の内面化とを区別すべきだろうし，最終的には，社会システムにおける

(*) 実際，どちらかといえば「究極的実体」は，とくに文化を通じた行為の経験的システムとの相互浸透として捉えられるかもしれない．もちろん，この問題はカントからウェーバーまで数多くの人々を悩ませた「存在論的」実在の位置づけに関わる著しく困難な問題と関係している．本論では紙幅の制約によりさらに議論を進める余裕はない．

文化的要素の制度化と表裏関係にある，文化システムにおける社会的要素の脱文化化（deculturation）という着想を導きだすことになる(*)．

社会システムの分析は，文化的領域と生物学的・物理学的領域との間の二分法を硬化する諸傾向によって，とくに著しくハンディを背負ってきた．というのもそれは，行為の文化的および心理学的構成要素としばしば呼ばれるものの間の分節化にとってまさに中核点だからである．この分節化にとって，またそのことによって，社会システムの内部組織が適切に分析されるためには，文化的なるものと「心理学的」なるものおのおのへの社会的構成要素の相互浸透を理解することが必要である．しかし，これまでに論じてきたいくつかの伝統がそうであったように，文化的および心理学的カテゴリーが行為の領域すべてを論じつくすことができるのであれば，両者の間における以外に相互浸透は決してありえないことになるが，それは，目立った成功を収めることができなかった一世代前のアメリカ人類学における「文化とパーソナリティ」運動での分析の焦点なのであった．

相互浸透についてのこれまでの議論が，ウェーバーにみる諸類型を見直すことによって先に定式化されることとなった諸構成要素よりも，むしろ行為の四つの基本的なサブシステムの図式において示

(*) 科学における進歩的運動の結晶化によって展開した社会組織の諸様式といった現象が，ここに含まれよう．この領域でのとくに重要な研究としては，ジョゼフ・ベン‐デイヴィッドによる『科学社会学［*The Sociology of Science*］』（近刊）［Ben-David, Joseph, 1971, *The Scientist's Role in Society : A Comparative Study*, Englewood Cliffs : Prentice-Hall.］［＝1974，潮木守一・天野郁夫訳『科学の社会学』至誠堂．］がある．同様のことが，宗教の文化的および社会学的側面との関係についてもあてはまる．

されることは，明らかであるにちがいない．

8. デュルケムとフランスの伝統

　知識社会学の論点へといよいよ入っていく前に，デュルケムによる主要な貢献を生みだしたフランスの伝統にみられる特徴点の幾つかを手短に概括しておくことが役に立つに違いない．フランス思想の背景的基盤としてのデカルトの重要性に疑いを差しはさむ者はほとんどいまい．しかしながら，認知から行為への——理論的な意味での——主要関心の転換は，ルソーとの関連から考察されるのが最善である．もちろん彼は，ホッブズからロックへと受け継がれてきた「自然状態」と市民社会状態との間の対照性の問題に，深く関与していた．しかしルソーは，「社会契約」の本質に関する問題を，「契約を結ぶ諸当事者」における功利主義的な意味での「利害」調整にあるとは基本的に考えておらず，むしろ「意志」——カントが用いたのと同じ言葉であった——の統合問題として考えていた．

　このような社会統合という考え方は，ロックのいう「諸利害の自然な一致」とも，またホッブズ—オースティン的な「主権者の意志」という考え方とも，甚だしい違いがある．ルソーにとってそれは，社会的集合体に対して権威を持つ「審級」としてではなく，集合体それ自体であり，それゆえに主権となりうる一般意志とされていた．このような考え方が，ルソー自身のみならず，彼の後継者もまた一世紀以上にわたって解決できなかった多くの疑問を突きつけるものだったことは明らかである．しかしそのことによって，集合的連帯を特徴とする社会システムの考え方が非常に目覚ましい形で推し進められ，また「民主主義」に関する問題のうねりが生じたのである．

8. デュルケムとフランスの伝統

より実証主義的でかつ「ロマン主義」的でないサン・シモンとコントは，ルソーにおけるよりも認知的構成要素をよりいっそう強く前面に押しだしたが，この段階は，社会の基本的性格としての「合意」というコントの考え方において頂点に達した(*)．

次の大きな一歩を踏みだしたのは，コントのまるまる二世代後であり，これら特別な先達に加えて「歴史社会学」の重要な発展——とくにセム族の宗教に関するフュステル・ド・クーランジュおよびW・ロバートソン・スミス——から影響を受けていたデュルケムであった．デュルケムの哲学的志向は，いくぶん漠然とした新カント主義（とくにルヌヴィエ）であるといってよいだろうが，しかし，この準拠枠のなかで彼は，明らかにデカルト的な枠組内においてサン・シモンやコントが行った「実証主義的」な認知の強調を追求していた．

「ロマン主義的」伝統のなかで，ルソーは，感情や意志を強調していたが，よき実証主義者としてのデュルケムは，「社会契約」によって確立されるこのような集合的実体を離れたところから観察する——フュステルがギリシアのポリスを観察したように——社会学者の視点のみならず，社会の成員としての視点から厳密にデカルト的な意味における外的世界の対象としてとり扱おうとしていた．今

(*) このことがイギリスの功利主義とはまったく異なる伝統であったことは，完全な破綻に終わるジョン・スチュアート・ミルとコントとの間の複雑な関係によって証明されている．ミルは，コントのような集合体の強調を個人の自由を損なうものであると解釈し，「採用」しえなかった．ミルの小著『オーギュスト・コントと実証主義 [*Auguste Comte and Positivism*]』を参照．

(14) Mill, John Stuart, 1961, *Auguste Comte and Positivism,* Ann Arbor : University of Michigan Press.［＝1978，村井久二訳『コントと実証主義』木鐸社．］

日，成員役割と呼ばれるもののなかで，人間は，彼が自らの社会——外的対象に関するまぎれもないあらゆる事実と同様，「外在性」と「拘束性」の基準によって定義される社会環境——に関して観察した「社会的事実」から「影響」を受けているのである．

しかし，その成員によって「研究」される実体の性質を定義するにあたって，明らかにデュルケムは，物理主義的ないし自然主義的な立場をとらず，観念論的な色彩のある立場を採用した．彼が「一種独特の実在」として定義した「社会」の中核は，社会分業に関するその最初の著作においてすでに完全に提起されていた集合意識であった．このように彼は，典型的な意味で「科学的」たろうと試みると同時に，偉大なデカルト的伝統において「主体」の側に属すとされていた実体の対象としての地位に関する問題を提起した．実際，彼はルソー的な伝統との接点を保ちつつ，集合意識を「共有された信念および感情」よりなると定義しながらも，ヘーゲルの客観的精神という考え方の傍らをかすめながら歩んでいた．

しかし，デュルケムにおけるこのような最初の立場は，これまで詳細に議論してきた具体的な実体を分類するため理論的な二分法を活用するというジレンマに真っ向から直面することとなった．決定的な問題は，このような個人がどのようにして社会を観察するデカルト的な科学者であり，かつ同時にそこに参加する，つまり行為する成員でもありうるのか，というものである．このことはもちろん，個人はいかにして主体および客体の双方でありうるのか，また，行為者および状況の双方でありうるのか，ということでもある．いうまでもなくデュルケムの解答は，彼が「社会」と呼ぶものがその諸成員にとっての行為環境のみならず，まさに「諸個人」として捉え

られる彼らの一部分でもある，ということであったにちがいない．(*)

　社会を構成する諸部分——それは，同時に社会における個人成員のパーソナリティの一部となる——のなかで，デュルケムは道徳的権威を担う構造の規範的パターンに中心的な位置づけを与えていた．たしかに彼は，この場合に社会的事実からもたらされる拘束という基準をはっきりと適用したのである．彼は，制度化された規範および価値の道徳的権威を，いかなる外的な制裁の作動もなく，個人の行為を拘束するものであると考えた．したがって，このようなデュルケムの結論は，まったく異なった出発点にたちながらも，ウェーバーによる価値複合およびカリスマの正当性に関する議論と印象的な収斂を成すものであった．後に，『宗教生活の原初形態』においてデュルケムは，先に述べたように，聖なるものの概念を道徳的に制裁に基礎づけられた価値や規範のより「表出的」な対応物として完全に発展させることになった．

　ひとつの「一種独特な実在」としての「社会」というデュルケムの捉え方は，ウェーバーの社会を分割する傾向——彼は，それを，経済，政治，宗教およびその他の「諸領域」に分割してとり扱った——とはある対照をなして，社会システムという考え方を発展させることを容易にした．しかしデュルケムは，このことにとどまらず，

(*)　これがデュルケムの結論で「あったにちがいない」と私がいうのは，それが唯一の理論的に満足すべきものだったということを意味している．もちろん，実際のところ彼はそこに到達できないということもあり得たのではあるが，しかし理論家としての彼の力量を考えると，早すぎる死ないし神経衰弱といったことが起こらない限り，そうなるいわれはなかったであろう．それでもなお，彼が充分な明瞭性をもってそこに到達するには幾年かが必要だったのであり，そのことは，それが学問的に容易な仕事ではなかったということを示している．

経済学者のいう分業という概念——彼もこの語を採用している——のうえに，一体性を保ちつつ分化した社会システムという考え方を打ち立てる点で多大な貢献を果たしたが，しかしその際，その意義を経済的利害の「かみ合わせ」だけでなく，彼にとって鍵となる概念である連帯という領域へと拡張したのであった．

　デュルケムは，ウェーバー理論にみられるより「合理的」な側面を不合理的な側面へと結びつけるような理論構成をとっていたので，社会システムの脈絡においてはウェーバー以上に連帯の性質および条件の問題を重視していた．彼が有機的連帯——高水準の社会分化と結びついた類型である——と呼んだものは，とくに契約制度との関連で彼自身が法システムと関係づけた確固たる規範的枠組がなければ明らかに保持しえないものであった．意志と感情に関するルソーの遺産は，デュルケムの業績においても充分に生きていたのだが，大きな違いは，デュルケムのいう「機械的」連帯をのみルソーが論じていたのに対し，デュルケムはたしかにいくつかの難点はあるものの，これを他の主要類型と体系的に関連づけていたことにある．相対的に未分化な社会の宗教を論じた最後の著書において，彼は，「集合意識」の感情的要素を，とくに集合的儀礼の機能に関していまや古典的となった分析を通じて規範的枠組に結びつけていた．

　かくて，デュルケムとウェーバーが論じた社会——重要な理論的水準において前者の方がより厳密であった——は，制度化された相互浸透を通して文化的，心理的，有機体的な起源をもつ諸構成要素を統合していた．規範的構成要素——そのなかでは道徳的なものが際だっていた——は，明らかに文化的なものであった．とくに功利主義の伝統において「諸利害」の結合の問題は，心理学的レベルに

おける「動機づけ」の役割に関するやっかいな問題を避けるような形で定式化されることになったが,それは,そこでの欲求の所与性という考え方が道具的に合理的な目標—達成という問題へと直接にむかうことを可能としていたからである.しかしその後,とりわけフロイトに由来する心理学の伝統は,これら複雑な問題領域をさらに解明していくこととなった.

ウェーバーの「知識の哲学」ないし学問論の構造と生成を検討した後に,最後の2節において,たとえ概略的ではあっても,行為の構成要素とサブシステム——合理的および不合理的構成要素,個人的および集合的サブシステムなどが含まれる——の全領域を論ずることが必要となるだろう.しかし,私たちの第一の関心は,行為の一サブシステムとしての社会システム,およびそれと他の三つのサブシステム,とりわけ文化との関係にある.社会システムが構成され,維持され,また変動をこうむるのは,これら他のサブシステムとの間の相互依存や相互交換の過程においてなのである.

知識社会学と関連する社会学は,それこそ無数の方向へと精緻化することが可能であろう.しかし,私の論点は知識社会学および思想史であるため,極めて一般的な観点から,また行為のその他の構成要素およびサブシステムとの間の関係において,社会システムに関する主たる準拠点を設定することが適切だろう.

とはいえ,私が抱える二つの両極的な論点間の相互関係は,あえてこの領域をはるかに超えなくとも,幾分かは深く追究されうるだろう.次節は,マンハイムの立場に直接含まれる学問論のより一般的な問題に充てるつもりである.しかし,それに続いて,最後の重要な節においては,近代西欧社会の歴史における「ユートピア」の

変遷に関するマンハイムの議論を，出発点としてとり挙げることになろう．私は，彼の図式を念入りに精緻化し，「思想 [ideas]」の各パターンとその時代の社会構造の特徴との関係を示し，ユートピアのそのパターン化された変遷を西欧社会システムの主要な発展パターンと関係づけることを試みるであろう．しかし，因果的にどちらが先行するのかという「鶏と卵」の問題に果敢に立ちむかうことは，ここでの限界を超えるであろう．

9. カール・マンハイム

　知識社会学が明らかに含意していることは，この［知識と社会学という］二つの用語の関係の双方の側で，その両者の確立された有意味な関係を分析するための充分に発展した認識構造が存在する，ということである．マンハイムは，ドイツにおけるその他の者，とくにマックス・シェーラーやアレクサンダー・フォン・シェルティングらと並んで，そのもっとも重要な創始者の一人だった．私は，ウェーバーにおいて頂点に達したものとして本稿で概括してきたドイツ観念論の伝統の発展なしには，おそらくマンハイムの――およびその他の者たちによる――貢献は不可能であった，という立場をとってきた．

　マンハイムの中心的な準拠点は，彼のいう特殊的イデオロギー概念と全体的イデオロギー概念との間の区別にあった．本来，前者はマルクスの概念であり，そこにおいてはイデオロギー，すなわち社会システムを構成する成員が当該システムに対して抱く社会的な信念システムは，それを信ずる者たちにとって，自分たちの利益に供する道具，あるいは利害の防御策ないし自ら前進するための「武器」として利用される「利害」の表現である．先述したように，現在の分析用語でいえば，ここでいう利害の概念は，経済的および政治的構成要素と結びついている．「資本主義」に対するマルクスの診断において，政治的構成要素つまり集合体の利害は営利企業に焦点が合わされていた．しかしながら，「連帯」は，階級闘争の双方の側が考慮しなければならないものであった．資本家は，労働者および顧客との直接の関係においてのみならず，資本主義社会におい

て「ブルジョアジーの執行委員会」と呼ばれる政府との関係においても，自らの利害を押しつけている，とされた．他方で，社会主義運動の実践的な目的は，第一に，搾取者に対する労働者の連帯を養うことにあり，「万国の労働者よ，団結せよ……」が『共産党宣言』に響きわたるスローガンであった．

　社会主義および共産主義の両者は大きな運動となり，労働組合もまた労働者における連帯を生みだすことにおいて大きな収穫を得たのであるが，それらの成功を理解するうえで，また「労働者」が，さまざまな機会に繰りかえし階級の連帯ではなく国民的な連帯により高い優先的地位を与えてきたといった失敗を理解するうえで，マルクス主義的な利害の概念は，それ自体では理論的に適切な基盤とはなっていない．また，これまでに示唆してきたことだが，マルクス主義の利害理論は，経済的および政治的利害の推進手段としてのイデオロギーについて，もっともらしくまたある程度はたしかな説明を生み出したのだが，そこでは認識の妥当性の問題はほとんど顧みられていなかった．マルクス主義理論にみられるとりわけ明らかな特徴は，今日においてもこれまで同様，強烈に「理論と実践の統一」を強調していることである．このことは，社会的・経済的・政治的現象に対する認知的理解の基盤と，政治的行為へのコミットメントの方向――自らの利害を守りとおす資本家の側か，あるいは自らの利害を増進しようとする労働者の側かを問わず――とがかなりの程度相互に独立しているということを，明らかに否定している．またこのことは，社会的領域において認知の妥当性の規範と，利用可能な知識の特定の道具的使用を擁護する価値基盤との間の分化を否定している．妥当な理解としての知識と道具としてのそれは，相

互に区別することができないとされ，利害闘争の事例にみる双方での「正義」への信頼は，自らの認知的信念の絶対的真理への確信と同調し，あるいは，さまざまな利害基盤の変種に対する認知的基準の相対化があるにちがいない，ということが含意されている．

マンハイムは，とりわけ資本家—労働者という類型での階級区分を横断する連帯や文化的統合という重要な基盤をもつ社会に適用される場合に，明らかにこの「俗流」マルクス主義を受け入れがたいものとみていた．そのとくに目立った事例が，近代国民社会であった．

ドイツおよびフランス両国におけるマルクス以降の発展が何らかの重要性をもつとするならば，知識社会学という概念がもつ広い意味において知識は，文化の制度化と密接に関連している．コード化されたシンボル的意味のシステムとしての文化は，知識を含んではいるものの，しかし同時に知識——その言葉が通常にもついかなる意味においても——以上のものをも含んでいることは明らかである．「以上のもの」とは，芸術において中心的な表出的シンボル化を明らかに含んでいるが，それだけでなく，私がときとして呼ぶところの「構成的」シンボル化——それによって，より「究極的」な価値志向が「有意味」となるという意味で「基礎づけ」られる——をも含んでいる(15)．

認知的様式において組織化されるシンボル—意味システムとして

---

(15) Parsons, Talcott, 1961, "Introduction: Culture and the Social System", Talcott Parsons and *et. al.* (eds.), *Theories of Society,* New York: The Free Press. を参照.

の知識は，文化の具体的かつ分析的カテゴリーである．したがって私は，宗教的「観念」の役割に関するウェーバーのあまりにも印象的な分析と，またそうした観念が，ウェーバーが「宗教的利害」と呼んだものを定義するその仕方にもかかわらず，ふつう「信念」として示される認知的構成要素を欠いた宗教的志向の具体的システムが存在しうる，ということを疑っている．しかしなお，やはり私は，表出的シンボル化の場合と同様に，限られた事例を除く宗教的領域において認知的構成要素は最大限の優位性をもつものではない，と感じている．つまり，知識「社会学」は，文化の認知的ないし合理的構成要素と不合理的構成要素との関係という問題に対処せざるをえないことになる．

しかしながら文化システムは，その諸構成要素のいくつかが相互浸透をつうじて諸社会システムの諸部分であるものの，やはり社会システムとはいえない．ただしこの文脈において，それらは非文化的構成要素と結合ないし統合されているにちがいない．われわれがこれまで指摘してきたことは，これらのうちでもっとも戦略的なものは一般に「心理学的」と呼ばれるものであり，ここにおいて再び不合理的な要素によって特別な役割が演じられる，ということであった．いいかえるなら，功利主義的―マルクス主義的な利害の概念は，デカルト的な存在論的知識哲学がすべての文化的諸構成要素から特定の一部のみを選びとったのと同様に，心理学的諸構成要素のすべてから同様の抜きとりを行ったということであり，双方の場合とも「合理主義」の教義を推し進めるものであった．

おそらくオースティン―マルクス主義的な意味での利害が，道具的な合理的行為の社会的に組織化された複合体であるように，デュ

ルケム的な意味での「感情」は，社会的に組織化された不合理的諸構成要素の統合であり，ともに両者の場合，「動機づけ」としてのな構成要素だけでなく文化的構成要素をも含んでいた．感情もまた，断じて非合理性のカテゴリーではないのである．

マンハイムによる全体的イデオロギーおよびユートピアの考え方は，これら構成要素群の四つすべてを同時に扱おうとする試み，つまり文化レベルでの合理的―認知的意味における「知識」のみならず，文化システムの不合理的構成要素や，また社会のレベルでは，「利害」だけではなく不合理的な「感情」をも同時にとり扱おうとする試みであったと思われる．もちろん，それら四つはひとつの社会―文化システムへと統合されていると認識されるべきものである．デュルケムの視座は何よりも「社会学的」であったため，社会システムにおける統合の側面が最重要な位置にあり，このことは，構成要素群の統合が社会システムの構造と過程における要件――安定を維持する要件であるにせよ，あるいはある種の変動を促進するそれであるにせよ――の主題である，ということを本質的に意味していた．

これは，明らかにイデオロギーという特殊概念が生みだされた準拠枠組よりもいっそう包括的なそれである．「社会的に組織化」されない心理学的レベルの側面を除けば，これらの四つの構成要素すべて，またそれら相互統合の要件は，具体的な結果に対して決定的な重要性をもっているに違いない．文化的なひとつのカテゴリーとしての知識は，明らかに他の三つのカテゴリーすべて――利害，不合理的な文化的「コミットメント」および「感情」のそれ――の「機能」として何らかの方法でとり扱われなければならない．この

ような固有の機能的相互依存の境界は簡単には識別できまい．しかし，四つの構成要素が実際のところある意味で独立しているのであれば，境界が存在するに違いない．

　マンハイムが，第一に，発見の興奮さめやらぬなかそれら境界を非常に大きくおし広げたこと，第二に，経験的知識の妥当性に対する認識論的基盤に関する問題——とくに社会的領域へと拡張された場合のそれ——に大いに将来性があるという見込みから，この点を彼の目的にとっての焦点として選択したということは，おそらく驚くにあたらない．これらの選択は，とくにマックス・ウェーバーという屹立する存在に結びついており，そこにおいてマンハイムの考え方が形成されたのである．その産物が，彼の有名な「社会学的認識論」であった．

10. 合理性と科学における「価値自由」

　1920年代半ばのハイデルベルク大学において，マンハイムとアレクサンダー・フォン・シェルティングとの間に非常に劇的な「対峙」がみられ，シェルティングはその重要な著作『マックス・ウェーバーの学問論 [*Max Weber's Wissenschaftslehre*]』において，他の誰もが論じてこなかったマンハイムのこのような立場にもっとも痛烈な批判を行った．

　このことは，まさにマンハイムおよびシェルティング両者によってもそう考えられていたように，デカルト的な出発点へ直接に結びつくものであり，われわれにとってじつに好都合な準拠点である．同時に，近代初頭の認識論に対するカントの優位性も中心的である．私の立場は，基本的にシェルティングが正しく，また「社会学的」基盤にたった経験的知識に関する認識論的相対主義は，有名な「独我論」のジレンマである個人を基盤とする相対主義と同じく，もはや維持できないというものである．実際，われわれはこれとパラレルなものとしての集合的独我論について語ることもできよう．

　私の見解では，ウェーバーは自然科学と社会・文化科学との間に方法論的な類似性をうち立てることにおいて充分ではなかった．このことは，「自然」現象に対する関心にみられる選択要因が，道具的な関心のみならず「価値関係性」（Wertbeziehung）の要因をも含んでいるということを，彼が基本的に社会・文化的領域においてあれほど強調したのと同じ程度には強調しなかった，ということからもうかがえる．経験的知識は原則的にはつねに「合理的」であるため知識構造への道具的および価値的要因の「侵入」は，知識とは区

別される行為の二つの合理的構成要素と二つの不合理的なそれとの間の相互依存を明らかに意味している．

　しかしだからといって，諸問題の定式化とは区別されるものとしての認知的命題の妥当性原則が，同じ基盤において関係している，ということにはならない．ウェーバーの「証明図式」に対するシェルティングによるさらなる精緻化と体系化は，この点においてまったく説得力をもつであろう．ここで決定的に重要なのは，ウェーバーが自然科学的知識だけでなく，社会・文化的知識にも関心を抱いていたということである．

　そのことを示すひとつの方法は，経験的・認知的な妥当性についての認識論的な基礎づけが，主体―客体の境界線をまたぐ統合を含意しているがために，すべての行為システムの合理的な側面――とくに社会的相互作用におけるそれを含む――に共通する文化的な普遍要素が存在するに違いない，という点を強調することである．カントによる偉大な貢献は，知る主体の内容を統覚とカテゴリーの図式によって論じたことであり，これらが個人を超越するものとして，ある意味でたしかに普遍的なものとして，認識されるべきことを示したところにある．

　とくに社会・文化的領域におけるウェーバーの有名な価値自由，すなわち経験的知識に関する「価値自由」の教義は，本質的にカントが「純粋理性」と呼んだ「主体」の構成要素に対する普遍化の拡張であった．このような拡張が，「悟性の諸カテゴリー」のみならず，「意味」の問題構造に対する人間による価値づけや概念化もこの普遍性に含まれるに違いないと主張することは正当であろうが，いかなる特定の文化状況においてもこれら普遍要素を厳格に定式化

10. 合理性と科学における「価値自由」 79

しうるかというと、そうではなかろう。したがって知識(Wissen)とは、いかなる重大な意味でも「合理的」である限りにおいて、カントのいう感覚与件のごとき経験的な構成要素だけでなく、また普遍的に妥当な準拠枠組にも基礎づけられている、と主張されるべきである。具体的には、事実的情報がつねに相対的な妥当性をもつという問題がある。このことに相応して、知識の関連領域のカテゴリー構造に対する「把握」——それを利用するさいの理解と能力——の相対的な妥当性の問題がつねに存在することになる。

シェルティングは、上述の主張にむけて大きく歩みでることはなかったが、しかしいま述べたことは、彼の立場から大いに推論されるところであろう。このような意味で、ウェーバーとシェルティングは「合理主義者」であり、マンハイムは彼らの「合理主義」を疑問視していた。しかし両者はいずれも、とくにウェーバーは、行為の不合理的な構成要素——われわれがある意味で感情的であり、またカリスマ的であるとしてカテゴライズした——を意識していなかったわけではない。したがって、経験的知識における認知上の「絶対性」は、価値関係性の原理だけでなく、カリスマ（おそらく「構成的」であるとして定義可能だろう）や感情に関連する原理によっても規定されるはずである。しかしこのことは、経験的知識に関する認識論というレベルでのいかなる相対化に関する考察をもってしても、認知の妥当性の基盤をなおも手つかずのままに残すことになる。これと並行して、非経験的な知識——「超越論的」実在と呼んでもよい——の妥当性をも考慮しなければなるまい。

ある意味で、このような立場が実質的に正しいのかどうかという問いよりも、いっそう重要なのは、それが言明される準拠枠組の妥

当性に対する問いである．このことについては，二つの側面が強調される必要がある．第一のものは，認知的問題が形成され，定式化される準拠枠組での一般性をより高水準へと高めることにかかわっている．経験的な側面での決定的な事実は，認知的妥当性に対する「信頼」が，物理的世界に関する知識——それとともに，物理学以外の他の数多くの諸科学における「物理主義的」な還元主義運動——の基準という歴史的な暗黙の多少の制約から，行為および文化的領域へと拡張された，ということだろう．というのも，ある重要な意味において，知識社会学の問題が顕著なものとなるこの拡張の中心的な焦点を構成しているのは社会的相互作用および社会システムである，という事実があるからである．おそらくこの領域においてマンハイムは，初期の局面でのヒュームと類似の役割を演じていたといえよう．彼は，懐疑論の基盤を定式化し，ウェーバー—シェルティングの立場は，それに対する真に「新カント主義的」な応答であった．この応答は，ここで拡張された領域での経験的知識の認知的妥当性に対する文化的基礎づけに立脚している．

　カントによる統覚図式および悟性のカテゴリーの展開と並行して，このような教義は，人間による価値づけのカテゴリー，および人間の条件がもつ意味の問題に関する認知的諸観念の「理解可能性」にむけた問題設定の枠組の必要性を主張することにもとづいている．しかしこのことは，カントが異議を唱えた——まったく完全に拒否したわけではないとしても——旧来の形而上学の復活ではなく，これら問題のより高い一般性への置き換えである．経験的知識についてのカント的な認識論が，自然現象に関する知識の計りしれない可変性と特殊性とを経験科学のさまざまな学問分野に委ねているよう

に，ウェーバーの学問論は，社会的とくに文化的な現象の限りない多様性と特殊性を文化相対性および歴史主義の観点において定式化し，これら領域に対する理解を経験的学問，つまり社会科学および人文学の課題として扱うことで，正当に評価できるという立場にたっていた．社会科学および人文学は，その内容においてどれほど自然科学と異なっていようとも，とりわけ概念化における一般化と個別化とのバランスに関して，同一の「方法論的」構造をもっている．[*]

もちろん，ここでとくに重要なのは，いかなるものであれひとつのレベルの規範的道徳ないし価値パターンに対するコミットメントの放棄である．まず最初に私は，ユダヤ教―キリスト教的伝統――むろん，多くのカトリック―ラテン的な文化における「反教権主義的」な世俗主義的特徴といった同一の基礎的文化システムから生まれた「世俗主義」という様式も含まれる――における広汎な「世界教会主義」の発展とこのことを結びつけなければならない．この領域において，分化と統合とが組み合わされた注目すべき過程が生じたのであり，それによりアメリカの市民宗教といった現象が可能になったのである．[16] 第二のレベルは，規範的に「有意味」な世界内での非常に広汎な宗教的・道徳的立場――とくに，それらは非西欧社

(＊) この問題に関する「ネオ・ウェーバー主義的」な言明については，私の論文「人文諸科学および社会学における理論［Theory in the Humanities and Sociology］」(*Deadalus*, 1970年春号)を参照．私は，哲学における近年の趨勢に充分に詳しくはないので，このような「ネオ・ウェーバー主義的」伝統に対して他の思潮がどれほど異なっているのか，衝突しているのか，あるいは収斂しているのか，自信をもって論ずることはできない．「理論と実践の統合」というネオ・マルクス主義的な主張は，いわば前マンハイム的であり，学問分野の「有意性」に関して新左翼が問いかけを行った相対主義的な立場にたっているという点で，ウェーバー的な意味で「半方法論的」でしかないように思われる．

会の偉大な宗教に由来するものである——の包摂である．このような拡張に対するウェーバー個人の貢献については，ほとんど論評を加えるまでもない．トマス的なカトリックのシステムであれ，カルヴァン的なプロテスタントのシステムであれ，所与の規範システムの排他的な正当性を存在論的な前提から導くとするカント以前の西欧の存在論は，もちろん，このような発展によって「相対化」されてきた．

　第二の主要な論点は，カントとのもうひとつの並行関係を提起している．本稿の大部分を通じて，われわれは合理性の問題がもつ重要性を強調してきた．このことは，行為に関する妥当な経験的知識を獲得しようとする試みの避けられない結果ともいえる．ある意味でそれは，探究される現象において，科学的理解の「合理的」秩序が何に一致するのか，という問いである．研究対象としての行為者がもしも自らの合理的知識によって導かれているならば，このことは甚だしく問題を単純化することになる．

　おそらくあまりに図式的ではあったが，われわれがたどり着いた立場は知識と区別される行為の合理的構成要素が必要不可欠であると同時に，不合理的諸要因や諸構成要素ないし「諸力」によって限定され，限界づけられていると考えなければならない，ということである．カントが「実践理性」と呼ぶ領域を旧来の存在論に組み入れること，ないしは従属させることを拒絶したのとちょうど同じように，新たな社会科学とその哲学的基盤は，人間行為という現象を

---

(16) Bellah, Robert, 1967, "Civil Religion in America", *Daedalus*, winter.

「最終的な分析において」ほとんどの場合に合理的である，もしくはその逆であると述べるような理論的枠組のなかへおし込める試みを拒絶するだろう．合理性のカテゴリーは，人間の条件にとって必要不可欠な構成要素であるとして考えられなければならないが，しかし決してそれに尽きるものではない．このような立場は，一方で，ある合理主義者や実証主義者らによって，完全に時代遅れなカント以前の形而上学への惨めな屈服であるとして解釈され，また他方で，「無意識的」なるものやそれに関連する概念の不合理性は受け入れがたい生物学的還元主義を構成していると考えられてきた．

これに対し現在の立場は，行為原則とまさに文化に関する研究対象を大量の不合理的諸構成要素を含むものとして理解し，それらが学問によって探究される現象の一部であるという意味で，できる限り合理的に理解されるべきだ，というものである．より詳しくいえば，とりわけ経験的な証拠に依存する幾つかの複合的なバランス，つまり合理的および不合理的要素の間のみならず，経験的・道具的文脈および価値的・カリスマ的文脈という二つの主要カテゴリー間でのそれを考慮する必要がある．さらに，合理性および不合理性のペア双方におけるバランス，およびいかなる4象限パラダイムにとっても必須となる「対角関係」のバランスも考慮されなければなるまい．

不合理性の問題をめぐっては，さらにもうひとつの論点が設定される必要がある．つまり，行為の合理的および不合理的諸構成要素間の区分は決して直接には「非合理性」の問題に結びつかない，ということである．少し見方を換えるなら，非合理性の問題は，行為のいかなる構成要素の性質のうちにも存在せず，それらの組み合わ

せにあるということである．合理性とは，ひとつの側面において，ひとつの「規範的」カテゴリーである．行為には「合理的諸構成要素」が存在するが，それは，そのなかに知識が本来的に内包されているからである．しかし，合理的行為やその規範からの逸脱は，つねに合理的および不合理的な双方を含むすべての諸構成要素の組み合わせの関数である．したがって「非合理的行為」は，行為の組織化のなかでの緊張および葛藤の所産なのであり，そこには，注目すべきことにいっそう分析的なレベルにおいて，合理的および不合理的諸構成要素と呼ばれてきたものが，緊張と葛藤の双方の（あるいは幾つかの）側面において含まれている．もちろん，その組み合わせの要件は，行為の諸類型，およびそれらを含む諸システムでのその組成に応じて変化するだろう．

さしあたってこのことは，行為システムの特定の類型にとってもっとも重大な機能的問題が，不合理的構成要素のある種の類型に対して，ひんぱんに行われる制御，あるいは実際のところ制限や抑制などではない，ということをいっているのではない．私の立場が意味しているのは，行為を分析するために必要な諸構成要素内の部分集合間に，普遍的に一般化された固有の葛藤が存在するというしばしば行われる仮定に対し疑問を投げかける，ということである．このことの二通りの型——それらは間違いなく思想史のなかで結びついているのだが——としては，第一に，「人間の本性」における「本能的な力」が社会秩序および文化の機能的必須要件に対して本来的に衝突するとの仮定，つまりフロイトによって少なくともある種の重要性をもって明確に言明された立場がある[17]．第二の型は，合理性におけるカリスマ的なものの境界を強調しつつカルヴィニズム

10. 合理性と科学における「価値自由」

において強調された，長年にわたるキリスト教的な考え方である．それは，「人間の本性」が後戻りもできず「罪と死」へと沈んでいき，また，行為のその他すべての決定要素に対する神性の絶対的優位性をもっての介入なくしては，このような全面的な葛藤を緩和することが不可能——回避できないことはいうまでもない——である，という考え方である．

行為を扱う学問分野に対する私の考えは，そのような葛藤が組み合わせや経験的問題として扱われるべきであり，学問の基本前提へと組み込まれるべきではない，というものである．上述の後者の型に追随することは，近代思想において次第に疑問視されてきた特殊な存在論的立場へのコミットメントを復活させることになるだろう．もちろんこのことは，人間の条件にみられるより過酷な現実を，軽率かつ楽観的に否定することを意味しているわけでは決してなく，むしろ人間の悲劇にかかわる問題の位置と決定要因とに対するより精確な認知的理解の試みを意味している．

行為における不合理的諸構成要素の位置は，おそらく知識の「非論理的」（パレートの用語を使って）構成要素と呼ばれるのがおそらく最適であるようなものに相当する，と主張されよう．非常に長い伝統を通じて，科学の論理的構造という見地から，究極的な経験的データは論理的には導出されえず論理的構造の外部から「与えられる」のだ，と主張されてきた．もちろんこのことは，数学が経験科学ではないとする考え方である．上で概観したカント主義的伝統

---

(17) たとえば，Freud, Sigmund, 1962, *Civilization and Its Discontents*, translated by James Strachey, New York : W. W. Norton. を参照．

——もちろんそれだけではない——は，たとえばカントのいうカテゴリーといった非経験的構成要素もまた論理的有意味性の構造の条件として組み入れられなければならない，ということを示した．したがってわれわれは，行為にとっては二つの不合理的構成要素群が存在することを提起することになる．つまり，合理的な道具的行為の図式に適合する必要のない人間の動機づけの構成要素をもちろん含む，「合理的」な観点からいえば状況における「所与」に由来する諸構成要素と，他の「側面」では，さまざまな様式をとる合理的行為の「有意味性」にとって「構成的」な意味で基底となる，ないしは「基礎づける」ものの，道具的には重要な条件を定義するものではない諸構成要素である．「合理的な」世界と，これら二つの不合理性との間の境界を区分することの失敗は，実証主義および観念論双方における初歩的な誤謬である．

　上述のような考察は，大いに議論されてきた科学における価値自由（Wertfreiheit der Wissenschaft）——これについては先に触れた——の問題にとって中心的なものである．むろんこのことは，文化的，社会的，心理的な行為システムの他の諸構成要素と関係する経験的な，すなわちより一般的には合理的な妥当性に関する認識論的基準の独立性に基礎づけられている．シェルティングにしたがえば，そのような妥当性は，つねに「論証の論理的図式」を用いて検証されなければならないだろう．その原理は，特定の諸価値や曖昧な意味で用いられる「感情」といった行為の変数的構成要素，あるいはカリスマへのコミットメントなどによる関数ではなく，「合理性」それ自体の関数なのである．

　しかし，「知識の追究」が行為の一過程として扱われる場合には，

そのような他のいかなる過程と同様に，価値は方向づけを行うにあたって必要不可欠の構成要素となる．したがって，知識の追究における成功は，私がことあるごとに認知的合理性と呼んできた特定の価値集合へのコミットメントおよび，その遂行に依存していると結論されるだろう．この意味において科学者は，いかなる価値的コミットメントからも「自由」というわけではなく，こういったコミットメントの特定のセットに対し，それ以外のものよりも優位性を与えるのである(＊)．

　認知的合理性の価値に優位性を与える知識の追究において，行為は，個人のレベルおよび社会システムの集合体構造のレベル双方で，他の類型から分化しうることになる．したがって，職業人としての科学者・学者は，たとえその職業的営為において認知的合理性に深くコミットしていようとも，自らの家庭内役割においてはその他の価値をより優先するかもしれない．同様に，集合体レベルにおいて大学は，営利企業ないし政党が他の価値を優先するのに対し，認知的合理性の価値を優先するかもしれない．高度に分化した社会においては，もちろんこのような多元性が存在する余地があるが，しかし同時に，ときには衝突を含むような微妙な関係が，さまざまな役

(＊) 実際，このことがウェーバー自身の見解であったということは，彼の有名な論考「職業としての学問」——Gerth, Hans and Charles W. Mills (eds.), 1964, *From Max Weber : Essays in Sociology,* New York : Oxford University Press. [＝1962, 山口和男・犬伏宣宏訳『マックス・ウェーバー——その人と業績』ミネルヴァ書房．] に再録——においてまったく明らかである．私の論文「社会科学における評価と客観性——マックス・ウェーバーによる貢献」を参照．[18]

(18) Talcott Parsons, 1967, *Sociological Theory and Modern Society,* New York : The Free Press.

割ないし集合体におけるさまざまな価値コミットメントの間において――知識社会学の相対主義的な構成要素間の場合がそうであるように――成立しているのである．もちろんそれは，長きにわたって主要な問題領域であり続けるだろう．

11. 知識の社会的規定要素

　私の議論は，知識社会学の問題において，社会学の側面よりも知識の側面にいっそう注意を払ってきた．そこから，マックス・ウェーバーからの一般化を行えば，これらの側面に対する考察の焦点は，「関係性」の四つの様式，すなわち利害関係性，価値関係性，感情関係性およびカリスマ的関係性のうちのひとつ，ないしはそれらの組み合わせにある，ということになる．マンハイムにとって，知識の焦点は広い意味で経験的であったのであり，それは社会・文化的学問を強調するものであったが，この意味で，関係性における二つの不合理性の焦点は，価値関係性の概念によっては捉えられない特別の問題を提起する．その問題は，合理性コンプレクスに関係するそれらの「外在性」——厳密にデュルケム的な意味での——にある．きわめて図式的に説明するなら，感情的諸構成要素は，合理的・道具的な意味での「利害」の基盤であり，他方，カリスマ的諸構成要素は，これとパラレルな意味で状況の定義およびその価値次元の基底となる，ないし「基礎づける」，ということになるだろう．どちらの側面においても，具体的・経験的な意味での合理性は，諸構成要素群における合理的—不合理的構成要素のペアおのおのの統合の関数である．しかし，パラダイムの対角線上にそった統合とは別に，それら諸構成要素群の双方のペアを含む統合にかかわる特別な問題が生じる．たしかにこのことは，思想史のうえで，デュルケム的な概念としての連帯——もちろん，彼はそれを社会システムの類型と程度に応じた可変的特性として考えていた——においてきわめて的確に明言され，かつ分析されてきた社会システムにおける統合問題

の焦点である[19]．

このような観点からみると，四つの構成要素群すべてにおいて行為システムとしてのひとつの社会システムがいっそう高度に統合されればされるほど，それは知識にかかわる構成要素をそのパターン統合へと・包・摂・す・る「圧力」をますます行使するようになる，という知識社会学の命題が成立しうることになろう．このことは，所与の状態での所与の社会システムにとって「適切」な「認識スタイル」と呼ばれるものがあるという着想をいだく方向へと導くことになる[20]．このことは，マンハイムがイデオロギーという言葉によってほんらい意味していたものであろう．すでに私は，もっとも基本的な水準における認識論的基礎づけという意味においてその相対性という考え方を退けたのであるから，相対性には二つの主要な側面が存在しているように思われる．そのひとつは，うえに述べたような「関係性・有意性」の拡張概念に具現されたそれである．このことは，認知基準と関連しながら，認知構造に入り込む，関連する諸構成要素間の・選・択・性の問題と結びついている．もちろん，選択性の問題は，ある重要なパターン内における優先順位の問題をも含んでいる．このように，「一般的行為」の諸構成要素の複合的な組み合わせとしての社会的要素は，しばしばというよりも一般的に，認知構造に関係する諸次元に影響を及ぼし，場合によっては「歪める」といえる

---

(19) 私の論文 Parsons, Talcott, 1967, "Durkheim's Contribution to the Integration of the Social System," Talcott Parsons, *Sociological Theory and Modern Society,* New York : The Free Press. を参照．
(20) Friedenberg, Edgar, 1970, "The University Community in an Open Society," *Daedalus,* winter, pp. 56–74.

かもしれない．

　関係性が選択的であるという考え方は，「論理的」なだけではなく経験的でもある基準や，状況の定義という文脈においては，カリスマへのコミットメントの「廉直性」とも呼ばれるであろうそれらをも含んだ認知的妥当性の基準を維持することとも両立する．「社会的規定」という局面においてこのような考え方を乗り越える一歩は，社会的「利害」や「感情」ないし価値的コミットメントが認知構造の積極的な歪曲，つまり選択における不合理的諸要因の侵入から非合理性の水準へと移行することにある，と主張することである．このような意味における歪曲を論証するためには，「準法律的」な手続き［臨機応変な対応］および一連の基準が必要となる．なぜならば，行為の合理的諸構成要素と非合理的なそれらとの間に相互浸透が存在する領域は広大だからである．しかし，歪曲が明白ないし「証明された」事例は，行為に連関した「理念」の一般的相対性といわれる劇的な実例を提供することになる．[21]

　「純粋」合理性に対するこのような一連の修正と関連するのは，マンハイムが特別な注意を喚起した現象，すなわち私ならイデオロギーの「不均等」な制度化と呼ぶであろう現象に他ならない．ウェーバーとマンハイムが言及を行って以降，社会学者たちは，多かれ少なかれ，近代西欧社会において宗教的価値が制度化されるに至った方途に，そしてもちろんその他の社会におけるさまざまな価値に

---

(21) Geertz, Clifford, 1965, "Religion as a Cultural System," Michael Banton (ed.), *Anthropological Approaches to the Study of Religion,* London: Tavistock, reprinted with my comments, Donald Cutler (ed.), 1968, *The Religious Situation,* Boston: Beacon Press.

みられる種々の制度化の方途にますます強い研究関心を向けていくことになった．プロテスタンティズムの倫理に関するウェーバーの論文は，このような系統の研究にとって非常に大きな準拠点だったのである．

不均等性に関するそのような数多くの事例は制度化過程の関数であり，複合社会における複合的な価値システムの「一瞬」の完全なる制度化は狂信的革命家によってしばしば期待されるものの，しかし社会的・歴史的現実のうえで達成されることはない．さらに，関連する価値原理が実際に埋め込まれている現実の社会関係の範域を拡張する方向にむけて，価値システムから「圧力」が行使されることもある．近年，合衆国における平等原理の適用範囲がとくに裁判所の決定によって拡張されていることは，その好例である．[22]

とはいえ，マンハイムは，その現象のもうひとつの側面にも注意を喚起している．つまり，彼はつぎのことに注意をうながしている．キリスト教的な背景を伴った近代社会においては，山上の垂訓の倫理が社会関係における「最高」の理念を明言しているということがごく一般的に主張されてきたのだが，しかし，大規模で広範ないかなる現実の関係システムにおいても，この倫理パターンが厳格に制度化されることはまったくなかった．しかしながら，それは理念モデルとして用いられ続け，たとえば社会主義社会がむかうとされる「共産主義」国家という考え方も，そのうえでモデル化されたものであるに違いない．このような不一致は明らかに緊張の原因であり，

---

[22] Parsons, Talcott, 1970, "Equality and Inequality in Modern Society, or Social Stratification Revisited," *Sociological Inquiry,* 40：2.

この倫理を望ましいものとしながら，所有権や組織的権威などを含む現実の制度を許容し，さらには是認する者たちは「偽善者」であるとの非難を直ちに導くことがしばしばある．

　多くの社会科学者たちは，山上の垂訓のまったく文字通りの実現を要求することがマンハイムとは異なった意味で「ユートピア的」である，と主張するだろう．つまり，このことは，経済的な高い生産性や政治的効率性に価値をおく大規模社会でのその完全な遂行がたんに経験的に可能ではない，ということを意味している――そのようないかなる命題も注意深く言及されるべきことはいうまでもないが．しかし，そのような価値がなおも信奉されるのならば，その厳格な遂行への圧力は，社会に対して組織解体的で，部分的には退行的な効果を与えるだろう．このことによって私が意味するのは，それが対立すると感じられる諸構造から忠誠心をとり下げるよう圧力をかけ，小規模ながら実現可能とおぼしきこの理念により近接した「親密」な構造によってそれらを置き換える，ということである．そのような諸傾向は，こんにちの新左翼に非常に活発にみられる．しかし，このような意味で真にユートピア的パターンなるものへの価値的コミットメントが貫かれるのであれば，社会学者は，これらコミットメントが社会，あるいはこれらイデオロギー的諸構成要素がみいだされるその社会のサブシステムに対して，ある種の機能ないしは複合的な機能を遂行するに違いないことをただちに示すだろう．こういった状況には明らかに「非合理的」な側面が存在するため，そのような機能的重要性は，関係する社会的行為システムの不合理的側面へと集中するにちがいない．現在，数多くの国々において学者はそういったユートピア的思考の際立った支持者であるから，

これらの機能が，学者としての役割に内包される「緊張」——もっとも，過去や別の脈絡においては別の役割として現れることになる分析的に同等の緊張——と関係しているに違いなかろうことは示唆的である。
(*)

比較的統合された社会システムでの知識に対する衝撃に関して上述した命題は，全社会にも適用される。おそらく，近代における際だった事例は「国家」イデオロギーに関係しており，それについて社会科学では数多くのことが論じられてきた。それはまた，サブシ

（*） ここで，これらの魅惑的な諸問題へとさらにたち入るために紙幅を割くことはできない。ジェラルド・プラットと私は，この領域において，「高等教育，変化する社会化および今日の学生による異議申し立て」という論文でひとつの試みを行ったが，エリック・H・エリクソンと比較することもまた有益だろう。この同じような葛藤が，ウェーバーがまずなによりも「資本主義」として認識した近代的制度の世界からの疎外に関する彼の個人的な考えの中心を占めていたことは，明らかである。
　知識社会学の基調の形成ならびにその他数多くの関連において，大きな影響を与えたドイツ社会学にみられるひとつの概念構造，つまりテンニースによるゲマインシャフトとゲゼルシャフト，およびその両者の関係に対する考え方について，ここで言及しておくことがよかろう。それは，ある面で否定的色調を帯びた進化図式であるという点で，それ自体明らかにイデオロギー的性格をもっており，そこでは，後者が優位となり前者が相対的に衰退することが社会の道徳的性質の低下過程として解釈される。この論文の背景として，ロマン主義運動との関連が非常に重要であることは明らかである。もうひとつ目をひくテーゼは，ゲゼルシャフトを特徴づける合理化の進行が本質的に行為の不合理的構成要素を犠牲にする——私がきわめて疑わしいとみる「ゼロ・サム」的な考え方——との解釈である。それは結局，本稿において採用した一般的な立場に逆行するあり方で，具体的な存在をその類型へと帰属せしめ，諸構成要素の分析的な区分に抵抗するという意味で「二分法の論理」を採用している。しかしながらそれは，われわれがかかわってきた思想史における非常に重要な準拠点ではある。

(23) Parsons, Talcott and Gerald Platt, "Higher Education, Changing Socialization and Contemporary Student Dissent," in Matilda Riley and et. al. (eds.), *A Sociology of Age Stratification,* Russell Sage Foundation.

(24) Erikson, Erik H., 1970, "Reflections on the Dissent of Contemporary Youth," *Daedalus,* winter, pp. 154–178.

ステムや諸システム横断的な領域にも適用されることになる．もちろん，非国家的であるだけでなく，反国家的でもある有名な事例が階級イデオロギーのそれである．近代の思想史におけるその傑出した例は，むろん基本的には社会主義思想，とくにマルクス主義の伝統からの遺産である．今日のわれわれが事後的に判断するならば，階級的連帯の相対的重要性が，まさにイデオロギー的な理由から強調されていたことは明らかだろう．階級的焦点と国家的なそれとが衝突する場合，前者を優先するという強い傾向は，とりわけ一世代前の発展途上国においてはひとつの主要な論点といえる．アメリカにおける社会主義運動の相対的な失敗は，また別の論点である．「資本主義的」ヨーロッパにおいて階級基盤が相対的に際だっているのは，「マルクス主義的」な構成要素とその他のものとの間で双方から融合の働きがあったということを強く示唆している．「ブルジョア」側においては，ブルジョア的・資本家的諸要素と，「労働」運動に対して最大限の防御を行う貴族層との間の結合が明らかであり，もう片方の側では，相対的に不利な諸要素，つまり「労働者」と農民との間の結びつきが顕著であった．もちろん，このような複雑な状態は，前世紀の錯綜したイデオロギー論議にその兆候を残している．しかしアメリカにおいては，一方では貴族制の，他方では農民階級の相対的な欠如が，「社会主義的」な形での階級闘争へとむかういかなる深刻な傾向も実質的に存在しない——マルクスの基準でいえば，最適の事例であるという事実にもかかわらず——という理由を充分に説明している．

　国民や階級とは別に，イデオロギー的パターンを生みだす社会的地位のもっとも印象的な事例は，今日のアメリカにおける「黒人」

のそれである．彼らは，たとえばアメリカのユダヤ人とは異なり，自らの強力な文化遺産をもたないがために，なおさら目立った存在となっている．アメリカ社会および世界社会において受け入れられることが可能な場所を「基礎づける」集合的「アイデンティティ」を確立することが，われわれの議論してきた「知識」の原初的な水準の双方において決定的に「要請」されてきた．「黒人」というシンボルが，おもにその集団自体からの主張によって誇り高きものとなったことは重要である．さらに，アフリカとの象徴的連帯が生まれたこと，つまり「ニグロ」・アメリカンが自らの定義によって「アフロ・アメリカン」となったことも意義深い．その他にもいろいろな側面があるが，しかしおそらくもっとも重要なのは，これが新しいイデオロギー——多民族社会での集合的地位，すなわちアイルランド系アメリカ人，イタリア系アメリカ人，ユダヤ系アメリカ人といった他の集団とまったく同等であることを要求する地位を正当化するための道具立て——の構築を目指すひとつの大規模な運動——ただそれを組み立てる構成要素の大部分は古いものである——である，ということだろう．「分離主義」のレトリックは二次的なもの，つまり，基本的にはイデオロギー的取引の立場として解釈されるだろう．

12. ユートピアの継起的変遷

これまでに述べてきたことは,知識社会学の領域で提起されてきた経験的な具体的問題のほんの幾つかにすぎない.それらは,ただ例示という目的のためだけに極めて簡潔に議論されてきた.これら同一の事例やその他の事例に対する分析を拡張することは,さらに無数の論文へと際限なくつながっていくだろう.しかしこれまでのまとめとして私は,非常に図式的ではあるが,マンハイムが『イデオロギーとユートピア』の最後の重要なセクションにおいて概括した全体的イデオロギーの特殊類型としてのユートピアの発展的な継起について議論したい.

マンハイムが,多くの用語法とは異なり,「ユートピア」を実際にはいまだ出現していない理想状況――実際の行為システムの現実のなかで,ある一定の人々ないし社会集団がそれを現実化しようとするにいたるような――として定義したことが想起されよう.つまりそれらは,現実化されていない理想パターンの実現にむけたコミットメントにおいて既存の現状を明確に描きだしていない限りでイデオロギーとは異なる.マンハイムは,「望まれたる状態」という概念を導入している.[25]

しかしここでの主要関心は,このような定義上の位置づけにあるのではなく,マンハイムが西欧世界を特徴づけるものとして描きだ

---

(25) Mannheim, Karl, 1929, *Ideologie und Utopie,* Bonn : Friedrich Cohen, p. 169. [=1968, 鈴木二郎訳『イデオロギーとユートピア』未來社, 210頁] および Mannheim, Karl, 1936, *Ideology and Utopia,* translated by Louis Wirth and Edward Shils, New York : Harvest Book, p. 205 以降を参照.

した主要なユートピア的イデオロギーの経験的な継起にある．彼は，重要な役割を順番に演じてきた四つのユートピア・システムに言及している．すなわち，宗教改革期におけるアナバプティスト派の千年王国論的──また「オルギー的」とも彼が呼んでいる──ユートピア，啓蒙主義期およびフランス革命期における自由主義的・人間主義的観念，革命期以後の保守主義的観念そして社会主義的・共産主義的観念である．そして彼は，1929 年という現代の状況に関する議論をもってしめくくっている．私は，いくつかの理論的考察に基づき，マンハイムが提起したすべての要素を使って組み立てながらも，彼の図式のかなりの精緻化を提示したい．

　第一に，彼が挙げた四つのユートピアのうち三者が多少なりとも「革命的」であるのに対し，保守主義の事例──革命以後の状況を復帰の方向へと変化させようとするもの──だけはこのような区分のもうひとつの側面とする点が目に止まる．おそらくこの点については，より均整のとれた整理が要請されるだろう．第二に，16 世紀のアナバプティズムと 18 世紀後期の自由主義的観念との間にあまりに大きな時間的隔たりがあることに対する疑問が少なくとも生ずる．おそらく，何かがこの間に入るに違いない．さらに，合理的，不合理的および非合理的側面間のバランスの違いに対する疑問がある．

　私は，マンハイムの図式をより包括的なものにしようと試みるが，そこでは，（彼がいうところの）保守主義的ユートピアと自由主義的なそれは，おのおの社会構造における主要な変動過程と関連づけられながら，相互に均衡することになる．このような試みは，とくに「保守主義」の側において新たなカテゴリーを導入するだけでな

12. ユートピアの継起的変遷　99

く，その一連の過程をマンハイムが定めた地点から一歩半だけ先に進める形で試行的に拡張するものである．またさらに，理念の諸パターンの創発を社会構造における変動と体系的に関係づけることも試みるであろう．

　マンハイムが歩んだように，われわれも宗教改革から出発しよう．しかし宗教改革は，アナバプティスト派だけでなく，全体としてカトリック教会の宗教的保守主義——その立場は反宗教改革においては保守主義的ユートピアとみなされる——に対抗するマンハイム的な意味でのユートピア的運動とみなされる．行為システムにとって，宗教改革の構造的な帰結は多様であり，その幾つかは，次のユートピア群にとっての構造的な基盤を創出することになった．そのもっとも際立ったものが，ヨーロッパ社会の宗教構成にみる二つのカテゴリー，すなわちプロテスタントおよびカトリックへの分化である．しかしながら，同一のシステム（「西欧キリスト教世界」）でのこれら二者の併存は，宗教構造と世俗社会との旧来のカトリック的関係——「教会と国家」——をもはや不可能にしてしまった．新たな世俗社会は，たとえば君主制や貴族制の諸制度が宗教的差異をまたぐような形で類似性と連帯を確保するところにおいて，生まれることとなった．

　したがって，アナバプティズムの「熱狂的千年王国論」がまったくのユートピアであるのは，ただひとつの視点からのみによっているのであり，それはより長期におよぶ運動での一方の極にあるものであった。そこでの他の極は保守的なルター主義が代表していることになる．プロテスタント的ユートピアのその他の諸部分は，トレルチがルター的およびカルヴァン的な型の「キリスト教社会」につ

いて論じた際に認識していたように，実際，完全なる制度化へとむかう可能性をもった何かであった．[26]

　宗教改革は，まず第一に，プロテスタントを起源とする刷新という何よりも重要なさらなる発展をともなっていた．これは，カトリック教会という母胎からの・個・人・の・良・心・＝・意・識——結果的に「動員」能力のある制度化されたカリスマ的要因となったもの——の「解放」であったといえる．[27] ユートピアの変遷における自由主義的段階おのおのは，このような解放の過程をともなっているものの，各段階においては行為システムの構成要素が異なっていると考えられる．

　宗教改革における「自由主義的」ユートピアは，「保守主義的」ユートピアによって受け継がれたとはいえ，マンハイムが言及するような革命以後のそれではなかった，といった方が正確だろう．旧体制のイデオロギー，つまり服従下にある「臣民」や「自らの分を知る」地位の低い者たちによる相補的な義務を伴う君主制の「正統主義」，および貴族性に固有の名誉や特権のイデオロギーがこれに先行していた．これらはすべてたいへん馴染み深いものである．

　それほど馴染み深くないのは，これが宗教的な境界をまたぐ・世・俗・的社会のイデオロギーであったということである．ウェストファリアの和議——・支・配・者・の・宗・教，・そ・の・地・に・行・わ・る [curius regio, eius religio]——は，宗教的諸陣営間に不安定な「平和的共存」を確立した．しかし，このような共存の制度化と宗教的寛容の拡張および

---

(26) Troeltsch, Ernst, 1912 前掲書．
(27) Little, David, 1969, *Religion, Order, and Law : A Study in Pre-Revolutionary England*, New York : Harper Torch.

深化にみられる主要な「力」は，宗教的信奉を原理的に少なくとも付随的なものとみなす世俗的社会の理念の存在だった．したがって，18世紀の戦時において，たとえばルイ16世とフリードリヒ2世との間にみられるカトリックとプロテスタント君主間の同盟関係は，ヒレア・ベロックが指摘したように「カトリック陛下」側の宗教的観点からみれば疑わしいものであったとはいえ，広く認められるようになった．これからわかるように，このようなパターンもまた繰り返されるのであり，ようするに旧来の分裂は，経験的にきわめて長期間持続するものの，基礎的なイデオロギーの水準において現れることを止めるのである．

このような旧体制の保守主義にまさに対抗するものとしてマンハイムが自由主義的・人間主義的理念と呼んだものが，とくにフランスの啓蒙主義運動——イギリスもそれに連なり，またドイツやイタリアの一部も含まれる——において出現することになった．まさにこうしたイデオロギーこそは，主要な構造的変動をもたらすものであり，それがまた，このような構造的変動の制度化を強固なものとする力ともなったのである．

フランス革命の偉大なシンボルは，市民権という概念だった．これは，権威—地位の母体——そこでは，所与の政治的権威の服従者として，また貴族もしくは「高い地位にある者」に対する低地位者としての役割が埋め込まれていた——から市民を「解放」することを本質的に意味していた．このことは，社会共同体の成員性の役割が，その共同体に現存する政治的権威システムから，またそこでの広範な地位的序列から分化するに至る，ということを基本的に示していた．その過程において集合的事象の領域における個人の機会と

責務は「解放」され，後に諸政党において制度化されるようになるひとつの過程としての「動員」が可能となったのである．

そのことのコインの裏面は，社会共同体の定義にかかわり，そこでは諸個人の成員役割が分化することになったのであった．［自由主義的］ユートピアにおいてこれは，あきらかに国民〔nation〕となるのであった．したがって，フランス革命については，民主制との関係だけでなく，ナショナリズムとの関係についても大いに議論されたのである．この意味において国民〔nation〕は，そこから国民が分化した「国家〔state〕」を明らかに超越していた．そのひとつの主要な帰結が，政治的に独立した国家としての地位を獲得しうる諸集合体——その成員は，自ら国民を構成するとみなしていた——を樹立するための動機づけが強化されたことであった．

宗教改革の事例のように，自由主義的運動もその過激集団をともなっていた．この場合に，比較的少数による独裁を通じて「民主制」を勝ちとり，恐怖政治の力をもって自らの考えを強制しようとしたのが，ジャコバン派であった．(*)

このように理想的には「人民」全体が，ブルジョアジーを筆頭とする国民に包摂されることとなった．しかし，ヨーロッパ・システムにおいては国民の複数性が存在したために，秩序に関するあらたな問題が，作りだされたとはいわないまでも，諸国民間に潜む敵対関係によって増強され，最終的には仏独間の敵対関係において最高

(*) 宗教改革においても，同様のことが生じ，そこではアナバプティスト派だけでなく，力の行使を共有する厳格な少数者のルールを課したカルヴァン派の「聖人」の事例をもみることができる．

潮を迎えた．

　ナポレオンの最終的な敗北以降に新たな保守主義が強化されるようになったが，このことは，マンハイムが主として言及していることのひとつである．それを旧体制の保守主義と区別するのであれば，「トーリー党」の保守主義とおそらく呼ばれることになろう．そこには明らかに宗教的な多元性がみられ，ヨーロッパ大陸に立つその大黒柱は，カトリックの権力（オーストリア），プロテスタントの権力（プロイセン）およびギリシア正教の権力（ロシア）であった．もちろんそれは部分的に「反動的」なものであったが，しかし同時に，市民の包摂過程は，プロシアにおけるシュタイン―ハルデンベルクの改革からディズレーリの「トーリー・デモクラシー」へと進行していった．このように19世紀を通じて市民権の拡大および平等化過程は，ドイツやイタリアの国家統一と同様，不均等ではあるが進展していったのである．(*)

　宗教的多元主義の場合に比べれば，それの経路は明瞭でないものの，総じて，絶対君主制はある種の立憲主義ないし政治的民主主義によって確実にその基盤を失っていき，またとりわけ貴族制や小作農階級など帰属的地位集団（Stände）も，より一般的な市民としての地位へと道をゆずり，その基盤を失っていった，ということが第一に指摘されるに違いない．

　次の「自由主義的」ユートピアの構造は，宗教的多元主義および

―――――――――――――

（*）　Lipset, Seymour Martin and Stein Rokkan, 1967, "Cleavage Structure, Party System, and Voter Allignments: An Introduction," in Seymour Martin Lipset and Stein Rokkan (eds.), *Party Systems and Voter Allignments,* New York: The Free Press. を参照．

市民からなる国家を広く前提としている．しかし，そのような共同体内部には，経済力および富の分配双方において新たな亀裂が生じていた．マンハイムは「社会主義的—共産主義的観念」を重要なユートピア的構造として示したが，しかし民主主義革命と符合する市民権および国民の出現と並行する意味において，産業革命に符号するイデオロギー的単一体として，「資本主義—社会主義」複合全体を取り扱うには，いくつか論じなければならないことがある．

　旧体制の保守主義の見地からみれば，またトーリー党諸派のそれからみるとしても，資本主義的「自由主義」は急進的であり，受け継がれてきた連帯を損なうものと考えられていたのであり，実際，イギリスにおいてその支持者は，自らを「哲学的急進主義者」と呼んでいた．しかしながら，産業革命の最重要の社会的帰結は，次第に人間のサービスを含むようになる市場関係，つまり消費財や資本に対するそれとは区別される労働市場として現れていた．いずれにせよ，まさにこの［市場］関係をめぐって，新たな経済における階級区分を強調しながら社会主義イデオロギーが形成されたのである．階級利害の基盤にもとづく動員という点から，社会主義者——とりわけマルクス——は，旧体制の「封建的」要素に対抗する新興ブルジョアジーによる旧来の闘争と，ブルジョアジーに抗すべく抬頭しつつあったプロレタリアートによるそれとを並置しながら，闘争の整然とした展開を主張しえたのであった．(*)この構造化された闘争において，再び急進的な権威主義的一派，共産主義者が登場し，結果的にその者たちは「民主主義的社会主義者」から区別されることになった．

　しかしこの階級闘争の基底には，社会構造におけるより深い変動

が横たわっていた．すなわち，分化した職業システムの出現であり，そこでは，とりわけ職業的な役割や利害関心が親族関係や世帯でのそれらから分化することになった．ここで，「資本主義」の構造に対するマルクス主義の構図における非対称性を指摘しておくことが重要だろう．つまり資本家は，まさに所有者かつ経営者であり，それはその血統としての地位が世代をこえて拡張していく傾向をもつ親族単位の成員であるおかげで，そうみなされるのである．この点からいえば，土地所有が産業の所有に代わっただけで，彼の地位は貴族のそれと類似するものであった．他方，「労働者」はひとつの職業役割を遂行しており，ある「仕事」をこなすために「雇用」されていたが，しかし生産手段および生産物の所有者ではなかった．もちろん，その後の歴史では，この意味での職業役割における労働の組織化が職業上の序列システムの上層へと波及していき，その結果として，次第に専門的・経営的役割は所有権と分離独立した構造上の位置を占めるようになり，この枠組みのなかで遂行されるようになっていった．

　この過程で「解放」されたといってよいものは，かつての個別主義的な連帯基盤——マルクスの言葉でいえば，そこから個人の労働が「疎外」されることになった——に埋め込まれてきた背景をもつ

（＊）このような並置は的確ではなかった．ブルジョアジーは「封建」システムにおいて特権的ではあるが，いまだ「抑圧された」少数者であり，他方，プロレタリアートは資本主義構造において抑圧された多数者であった．マルクスは，かろうじて彼の歴史主義のおかげでこうした相違がもたらす帰結を避けることができたが，私の考えでは，彼はなぜ資本主義システムが多数者による革命を生みだすことになるのかを的確に説明したことは決してなく，「普遍的階級」としてのプロレタリアートという彼の考え方は，経験的に不適切と思われる．

個人の遂行能力である．もちろん，これは，産業組織の形態からは大部分独立している――すなわち，資本主義および社会主義的状況の双方に適用される――ことが最終的に判明する近代の「業績的」複合体の制度的な土台である．

この発展におけるもうひとつの重要な潮流は，民主主義革命での国家主義の強調を背景とする，その国際的性格の強調であった．したがって，昨今の反動的な保守主義者にとっては，「世界資本主義」や「世界共産主義」はともにイデオロギー的異端であった．

こういった階級闘争および社会主義運動による大きな混乱の後に，われわれが考える「保守主義」におけるもうひとつの重要な様式が生まれてきたように思われる．ある側面においてそれは，「貧困」が（もはや個人ではなく）国家的な不名誉となる――以前はこのようなことは問題とならなかった――ほどまで消費水準の高度化が普及した「豊かな社会」にみる保守主義である．また別の文脈からいえば，「福祉国家」という状況において下層集団の欲求に対する公的な充足を大幅に拡大することを含みつつ，消費の側面に焦点が部分的にしぼられた，平等主義への新たな趨勢がみられてきた．もちろん，このことと密接に関連しているのは，各種の手段を通じた機会の均等に対する関心の増大であった．

このような議論が多くの水準においていかに論争的なものであろうと，この新たな保守的ユートピアが，市民権に法的・政治的な意義のみならず社会経済的なそれをも与え，全市民のあいだに平等の基本水準を制度化することによって，マルクス主義的な意味での階級闘争を乗り越えたと主張することは，疑いえない．また同時に，このイデオロギーには，国際紛争を非難し，国連やそれと同様な企

てを支持する国際性への強い信奉が存在している．
(*)

マンハイムの着想のうちでもっともよく知られているもののひとつは，「自由に浮動する知識人」(freischwebende Intelligenz) の役割に関するそれである．彼がこの集団を新たに生まれた「自由主義的・批判的」ユートピアの担い手として考えていたのかどうかは，定かではなかろう．そのうえ彼は，その問題を社会発展の過程における実質的な意義という文脈からよりも，むしろ社会学的相対主義を乗り越える可能性という文脈において中心的にとり扱っていた．

私は，このような社会集団の生成が自由主義的・人間主義的イデオロギーおよび社会主義的・資本主義的なそれに充分に比肩する運動の主要な一局面であることを主張したい．それは，「教育革命」[29]——資本主義および社会主義の指導的なイデオローグによってあからさまに無視されながらも，資本主義社会および社会主義社会は積極的に大衆教育を推進してきている——の絶頂局面を指し示すものとみなされるであろう．

職業役割と同様に大衆教育は，たんなる読み書き能力といった教育水準の根底に始まり，旧来の「エリート」教育の伝統と複雑に結びつきながら次第に上方へと拡大していった．それは，今世紀に至ってそれも後半になってようやく中等教育の水準において広く普及

---

(28) Parsons, Talcott, 1970 前掲書．
(*) ここでの新たな点を示すよい指標は，国際的自由主義をめぐる対照性——おそらくは「アングロ・サクソン」においてもっとも顕著で，またその他の多くの小規模国にみられるそれと，ヒトラーのショービニズムともまた大いに異なるド・ゴール将軍の大フランスに関する考え——である．
(29) Parsons, Talcott, 1971, *The System of Modern Societies,* Englewood Cliffs: Prentice-Hall. [＝1977, 井門富二夫訳『近代社会の体系』至誠堂．]

するようになり，より高等レベルの教育に対する非常に広い年齢コーホートへの普及は，ようやく開始されたところである．

より高い水準における教育パターンの量的な拡大にともない，最高水準かその近辺での改善レベルの高度化と洗練化が，本稿において先に議論した知識の地位に関する問題の幾つかに密接にかかわるようになった．新たな意味において，「教育・訓練された男性と女性」という重要な階級が登場したのであり，その者たちは，自らの教育上の地位をもとに，少なくとも社会事象に対して影響力を行使する新しい機会を与えられている．もちろんこのことは，とくに専門職の領域のみならず，組織経営やその他の領域においても，職業システムのより高度な範域を変容させることになった．

先に述べた「解放」の他の諸過程と並行する意味で，この過程を社会における自由かつ流動的な要因としての，知性を解放する道筋と呼ぶこともできるだろう．それは，地位集団・階級といった構造への旧来の個別主義的な埋め込みの問題とかかわっていた．より高い知性の獲得は，すべての者が利用することのできるユートピア原理——もっとも，その獲得水準ないし利用水準の平等はかならずしも保証されているわけではない——の資源となった．

この過程の性質および意義は，上で論じたウェーバー・マンハイム・シェルティング論争の中核に触れる問題を提起する．民主主義革命および産業革命によって進展した社会・経済的な普遍主義に並行するものは，教育革命によって進展した世俗的文化における普遍主義であり，この普遍主義の基礎的な条件は，認知的妥当性と一般性にみられる一群の確固たる普遍的な基準であった，といってもよいだろう．このことは，本質的に，社会的関心から認知的文化を分

化することをとおして達成されるが，それはマンハイムが展開したイデオロギーの特殊および一般概念双方のレベルにおいておこるのであり，また，その他の諸要素との統合にかかわって生成する特定の諸様式をとおして達成されるのである．

　この分化のパターンならびに分化された諸部分を結びつけうる統合構造の性質を確定する責務が，まさに知識社会学の重要性の根拠なのであり，その出現の時機を説明するのを助けることになる．マンハイムの知的継承者はその道を選択しなければならない，といえるのではないだろうか．認識論の水準における社会学的相対主義と，彼がインテリゲンツィアと呼ぶものの積極的な機能とを両立させることは不可能である．これらの機能およびその担い手について強調することが，彼の分析の大いに実りある所産であった．

　マンハイムは，この点をもって彼の［ユートピア思想の］変遷に対する言及に終止符を打ち，すでに私が示唆したように，実際，彼は，「知識」イデオロギーを新たな真のユートピアとみなすかいなかという点でかなり曖昧であった．さらに40年以上を経た視点をもってすれば，この変遷をさらなるサイクルを含んだものへと拡張することが可能であるように私は思う．第一に，教育革命が引きおこし，あるいはそれに結びついていた社会変動過程の最重要の構造的所産は，職業領域における複合的な専門職の発達であった——もっとも，それ以外の重要な諸変動が中産階級の家族といった領域でも発生してはいたが．(30)

　ここで，新たな「保守主義」——しかし，それはまさに旧体制ないしトーリズムとは大きく異なる「脱産業的」現象である——の糾合に言及することができよう．それは，「専門職的」保守主義とあ

えて呼ぶことができるだろうし，新左翼による主たる攻撃対象である「エスタブリッシュメント」という概念の中核をなすものであると考えられる．

それは，教育システムにおいて，とくに高等教育の分野において，また，学問システム内外での応用的職業や「知識人」の役割において，科学研究における知識と訓練された知性の制度化に焦点を合わせている．これは，「合理化の過程」としてマックス・ウェーバーが明確に定式化したものの現代版と大いに関係することになる．

おそらく第一にマルクス主義の伝統において非常に強調され，またわれわれがこれまで検討してきた数多くの議論にみられたように，「理論」と「実践」との関係の問題は，知識が中心的位置——それ自体創出されたものだが——を獲得する状況において中核となる．したがって，「価値自由」な科学を支持する者と全体として「理論と実践の統合」を支持する者とのあいだの衝突は，宗教の違いによって喚起される情熱を想起させるほどの狂信的熱狂をもって戦われた．しかし，「専門職的」な保守主義のひとつの趨勢が，「純粋」な認知的関心と「応用的」なそれとの均衡を制度化しうることで，この衝突を時代遅れなものとすることを指摘しておくことは妥当なように思われる．戦いが社会科学においてもっとも激烈であることは驚くにはあたらない．

現在，複合的な専門職の制度化ははるかに進展し，その結果として，新たな敵対的なイデオロギーが形成されはじめ，それがまた自

---

(30) Schneider, David M., "Middle and Lower Class American Kinship,"（未刊行）.

らのユートピアを発展させつつある．そこでの第一の敵は，民主主義革命にとっては権威や特権，社会主義運動にとっては搾取であったように，合理化として象徴的に語られるといってよかろう．このことは，たとえ旧来の運動におけるレトリックの多くが新しい運動においても目立って用いられているとしても，確かなようである．

ウェーバーが「鉄の檻」とドラマティックに命名した合理化から，ここで「解放」されなければならないと感じられているものは，何よりも個人の水準における行為の不合理的諸構成要素である．感情的諸構成要素だけでなくカリスマ的なそれらも重要な問題となる．その学問的な先行者たちは，とりわけ実存主義運動および精神分析学にみいだされよう．

学生の役割に対して特別な関心が寄せられているという事実は，教育革命と，学生の役割についての大衆高等教育の心理学的・社会学的衝撃とのあいだの重要な結びつきを示している(31)．

さらなる展開と長期間におよぶ経過への展望なくしては，この運動の深さと広がりを推しはかることは困難である．しかし，その運動には，他の「自由主義的」ユートピア運動の急進派とある程度の類似性をもった急進派がたしかに存在するようである．事実，暴力的な感情主義や律法を度外視する傾向といったいくつかの点において，他の何にもましてそれは「千年王国的・熱狂的」アナバプティストと類似している(*)．このような類似性が，社会変動ならびに諸イデオロギーと諸ユートピアの双方にみられるより大きなサイクルの

---

(31) Parsons, Talcott and Gerald Platt 前掲書．

完遂にむけた途上にあるのか，あるいはひょっとして「新・宗教改革」のはじまりを意味しているのかどうかを推測してみることは興味深い．

　長々しいものであったが，以上の論述では，きわめて複雑な主題の多様な側面のうちほんのいくつかにしか触れることができなかった．おそらく限度を超えた注目が，知識社会学を生みだした思想史の枠組に対して，またそのなかでもとくにドイツ思想に対してむけられてしまったようである．最後の主要なセクションが，かなり広い意味においてではあるが，社会学の実質的な問題を充分詳細に論じていること，したがって本稿が知識社会学から社会学を差し引いた論考であるという印象を与えるものではないこと，を私は希望している．

（＊）　近年，ドイツの社会学者エルヴィン・K・ショイヒは，西ドイツにおける学生の急進主義に関する論集を編集した．興味深いことにそれには『福祉（豊かな）社会のアナバプティストたち』というタイトルが与えられていた．

文　献 [明らかな誤記については訳注を付さずに訂正した]

Bellah, Robert, 1967, "Civil Religion in America," *Daedalus,* winter.

Ben-David, Joseph, 1971, *The Scientist's Role in Society : A Comparative Study,* Englewood Cliffs : Prentice-Hall.［＝1974，潮木守一・天野郁夫訳『科学の社会学』至誠堂．］

Durkheim, Émil, 1965, *Elementary forms of Religious Life,* translated by Joseph Swain, New York : The Free Press.［＝1975，古野清人訳『宗教生活の原初形態』岩波書店（岩波文庫）．］

Eisenstadt, Samuel N. (ed.), 1968, *Max Weber : On Charisma and Institution Building,* Chicago : The University of Chicago Press.

Erikson, Erik H., 1970, "Reflections on the Dissent of Contemporary Youth," *Daedalus,* winter.

Freud, Sigmund, 1962, *Civilization and Its Discontents,* translated by James Strachey, New York : W. W. Norton.

Friedenberg, Edgar, 1970, "The University Community in an Open Society," *Daedalus,* winter.

Fuller, Lon L., 1966, *The Law in Quest of Itself,* Boston : Beacon Press.

Gerth, Hans H. and Charles Wright Mills (eds.), 1946, *From Max Weber : Essays in Sociology,* New York : Oxford University Press.［＝1962，山口和男・犬伏宣宏訳『マックス・ウェーバー――その人と業績』ミネルヴァ書房．］

Geertz, Clifford, 1965, "Religion as a Cultural System," in Michael Banton, (ed.), *Anthropological Approaches to the Study of Religion,* London : Tavistock, reprinted with my comments, Donald Cutler, (ed.), 1968, *The Religious Situation,* Boston : Beacon Press.

Halévy, Élie, 1955, *The Growth of Philosophic Radicalism,* translated by Mary Morris, Boston : Beacon Press.

Lipset, Seymour Martin and Stein Rokkan, 1967, "Cleavage Structure, Party System, and Voter Allignments : An Introduction," in Seymour Martin Lipset and Stein Rokkan (eds.), *Party*

Systems and Voter Allignments, New York : The Free Press.

Lukács, Georg, 1968, *Geschichte und Klassenbewuβtsein*, Berlin : Luchterhand. ［＝1991，城塚登・古田光訳『歴史と階級意識』白水社．］

Mannheim, Karl, 1929, *Ideologie und Utopie,* Bonn : Friedrich Cohen. ［＝1968，鈴木二郎訳『イデオロギーとユートピア』未來社．］

Mannheim, Karl, 1936, *Ideology and Utopia,* translated by Louis Wirth and Edward Shils, New York : Harvest Book.

Mill, John Stuart, 1961, *Auguste Comte and Positivism,* Ann Arbor : University of Michigan Press. ［＝1978，村井久二訳『コントと実証主義』木鐸社．］

Parsons, Talcott, 1949, *The Structure of Social Action,* New York : The Free Press. ［＝1976-1989，稲上毅・厚東洋輔・溝部明男訳『社会的行為の構造』（全 5 分冊）木鐸社．］

Parsons, Talcott, 1961, "Introduction : Culture and the Social System," in Talcott Parsons and et. al. (eds.), *Theories of Society,* New York : The Free Press.

Parsons, Talcott, 1967, *Sociological Theory and Modern Societies,* New York : The Free Press.

Parsons, Talcott, 1967, "Interaction," in David Sills (ed.), *The International Encyclopedia of Social Sciences,* New York : The Macmillan / The Free Press. ［＝1992，江原博次訳「第 7 章社会的相互行為」田野崎昭夫監訳『社会体系と行為理論の展開』誠信書房．］

Parsons, Talcott, 1970, "Some Problems of General Theory in Sociology," in John C. Mckinney and Edward A. Tyriakian (eds.), *Theoretical Sociology : Perspectives and Developments,* New York : Appleton-Century-Crofts.

Parsons, Talcott, 1970, "Theory in the Humanities and Sociology," *Deadalus,* spring.

Parsons, Talcott, 1970, "Equality and Inequality in Modern Society, or Social Stratification Revisited," *Sociological Inquiry,* 40 : 2.

Parsons, Talcott and Gerald Platt, 1972, "Higher Education, Changing Socialization and Contemporary Student Dissent," in Matilda Riley and et. al. (eds.), *A Sociology of Age Stratification,* Russell Sage Foundation.

Scheuch, Erwin K., 1968, *Die Wiedertäufer der Wohlfahrtgesellschaft,* Köln: Markus Verlag.［訳注：本書のタイトルはパーソンズの誤記．正しくは「*Die Wiedertäufer der Wohlstandsgesellschaft*」である．］

Tönnies, Ferdinand, 1887, *Gemeinschaft und Gesellschaft : Abhandlung des Communismus und des Sozialismus als empirischer Culturformen,* Leipzig: Fues's Verlag.［＝1957，杉之原寿一訳『ゲマインシャフトとゲゼルシャフト（改訂版）』岩波書店（岩波文庫）．］

Tönnies, Ferdinand, 1940, *Fundamental Concepts of Sociology,* translated by Charles P. Loomis, New York: American Book Co.

Troeltsch, Ernst, 1912, *Die Soziallehren der christlichen Kirchen und Gruppen, Gesammelte Schriften* ; 1. Bd., Tübingen: J. C. B. Mohr.［＝1999，高野晃兆・帆苅猛訳『古代キリスト教の社会教説』教文館．］

Troeltsch, Ernst, 1922, *Der Historismus und seine Probleme, Gesammelte Schriften* ; 8. Bd., Tübingen: J. C. B. Mohr.［＝1980-1988，近藤勝彦訳『歴史主義とその諸問題』（上・中・下）ヨルダン社．］

Troeltsch, Ernst, 1960, *The Social Teaching of the Christian Churches,* translated by Olive Wyon, New York: Harper & Row.

Schneider, David M., "Middle and Lower Class American Kinship, (未刊行)." Turk, Herman and Richard L. Simpson, (eds.), 1971, *Institutions and Social Exchange : The Sociologies of Talcott Parsons and George C. Homans,* Indianapolis: Bobbs-Merrill.

Schelting, Alexander von, 1934, *Max Webers Wissenschaftslehre : das logische Problem der historischen Kulturerkenntnis : die Grenzen der Soziologie des Wissens,* Tübingen: J. C. B. Mohr.

Watson, John D., 1968, *The Double Helix : A Personal Account of the Discovery of the Structure of DNA,* London: Weidenfeld & Nicolson.［訳注：タイプ原稿では，出版年が「1969」と記載されているが，同年に刊行された版が不詳であるため，1968年の初版

書誌を掲げた．］［＝1986，江上不二夫・中村桂子訳『二重らせん』講談社（講談社文庫）．］

Weber, Max, 1921, *Wirtschaft und Gesellschaft,* Tübingen: J. C. B. Mohr.［＝1960，世良晃志郎訳『支配の社会学』創文社；1970，世良晃志郎訳『支配の諸類型』創文社；1974，世良晃志郎訳『法社会学』創文社；1976，武藤一雄ほか訳『宗教社会学』創文社；1965，世良晃志郎訳『都市の類型学』創文社；1967，安藤英治ほか訳『音楽社会学』創文社．］

Weber, Max, 1964, *Theory of Social and Economic Organization,* translated by Alexander M. Henderson and Talcott Parsons, first English translation 1947, New York: The Free Press.

Weber, Max, 1968, *Economy and Society : An Outline of Interpretive Sociology,* translated by Guenther Roth and Claus Wittich, New York: Bedminster Press.

索　引

あ 行

アイゼンシュタット（S. N.）　50, 52
新しい遺伝学　58
アナバプティスト派　98
アフロ・アメリカン　96
アメリカ人類学　62
アメリカの市民宗教　81
アレヴィ（アクサンメル E.）　22
イギリス経験主義　27
意志　40, 64
一般意志　64
一般概念　25
一般化された他者　61
イデオロギー　25, 75, 91
『イデオロギーとユートピア』　16, 97
イデオロギーの「特殊的」概念　25
意味　28, 37, 78
意味問題　46
意味理解　42
因果連鎖　37
ヴィンデルバント　38
ウェストファリアの和議　100
ウェーバー（M.）　6, 15, 39, 50, 53, 62, 67, 69, 74, 78, 89, 110
ウェーバー・マンハイム・シェルティング論争　108
ウォーラーステイン（I.）　9
エリクソン（E. H.）　94
エリート　107
オースティン（J.）　22, 40

か 行

階級　95
階級イデオロギー　95
階級闘争　71, 95, 104, 106
階級利害　24
懐疑論　32, 80
外在性　66, 89
快楽原則　53
科学　77
学習　57
学生　111
学生運動　11
学問　32, 41
学問システム　110
学問論　50, 69, 81
価値　4, 28, 38, 40, 45, 48, 67, 87
価値関係性　77, 79, 89
価値合理性　41, 46, 52
価値システム　46, 92
価値自由　77, 78, 86, 110
カトリック　99
カリスマ　52, 67, 79, 86
カリスマ的関係性　89
カルヴァン派　47, 102
カルヴィニズム　84
感覚印象　21
感覚与件　27
関係性　89
感情　53, 75, 79, 86
感情関係性　89
感情主義　111
「感情的」行為　41, 51
カント（I.）　26-28, 31, 38, 48, 64, 77, 79, 80, 82, 86
カント主義　44
観念　59
観念論　31, 33, 55, 86
ギアーツ（C.）　91

機械的連帯　68
貴族制　95,99,103
ギデンズ（A.）　9
規範　67
規範的秩序　40
客体　29
客観的精神　31,66
教育革命　107,108,109,111
教育システム　110
教会と国家　99
共産主義　72,98
共産党宣言　72
競争市場システム　22
禁欲主義　45
禁欲的プロテスタンティズム　45
クニース（K.）　43
クーランジュ（F. de）　65
クーリー（C. H.）　58
君主制　99,100
経験科学　39,80,85-86
経験主義運動　33
経験的知識　27,28,39,54,77
啓蒙主義　98
啓蒙主義運動　101
ゲゼルシャフト　94
ゲマインシャフト　94
言語　57
言語学　58
行為　23,25,36,39,48,50,54,57,
　　59,61,64,85,87,
行為システム　17,27,54,61,78,
　　84,90,97
行為者　59
行為状況　59
行為類型　52,54
合意　65
公共　24
「構成的」シンボル化　73

構造―機能主義　3
構造の変動　101
拘束性　66
行動　57
行動科学　58
行動有機体　55
功利主義　18,21,26,38,55,64,
　　68,74
合理主義　59,74,79
合理性　12,20,26,39,41,50,51,
　　77,82,83,86
合理性基準　47
合理的行為　21,40,50,51,74,84
合理的諸構成要素　84
黒人　95
国民　95,102,104
国連　106
個人主義　23
悟性　27
個性化　36,42,46
個性記述的　37,42
国家　94,102,104
国家主義　106
古典派経済学　21
コード　28
コード化　73
個別化　81
個別性　48
コント（A.）　56,65

さ 行

サイバネティクス　58
産業革命　104,108
サン‐シモン（C. H.）　56,65
ジェームズ（W.）　58
シェーラー（M.）　71
シェルティング（A. von）　6,
　　71,77,79,86
自我　60

自己　24
自己利益　23, 24
事実　29
システム　45
自然　55
自然科学　41, 43
自然状態　64
実在　28
実証主義　33, 65, 86
実践　35, 36, 39, 110
実践理性　29, 38, 82
実存主義運動　111
支配の正当性　40
支配類型　46
資本家　23
資本主義　71, 105
資本主義社会　71
市民権　101, 104, 106
市民宗教　81
社会　21, 60, 66, 67
社会化　61
社会科学　17, 21, 41, 47, 55, 60, 81, 82, 94
社会学　12, 43, 69, 89
社会学的相対主義　109
社会学的認識論　20, 76
社会環境　29, 66
社会共同体　101
社会契約　64, 65
社会構造　70, 99
社会システム　17, 21, 22, 38, 54, 59, 61, 67, 69, 74, 75, 89
社会主義　72, 98
社会主義運動　95, 106, 111
社会進化論　4
社会秩序　84
『社会的行為の構造』　2, 14
社会的効用　26

社会的事実　66
社会的相互作用　55, 57, 78, 80
社会的相互作用主義　58
社会統合　25, 64
社会変動　111
ジャコバン派　102
宗教改革　99, 102
宗教社会学　45
『宗教生活の原初形態』　67
宗教的多元主義　103
集合意識　66, 68
集合体　23
集合的アイデンティティ　96
集合的行為　48
集合的自己利益　23
自由主義　98, 104
自由に浮動する知識人　107
主観性　36
主権　22, 23, 64
主体　27, 29
主体―客体関係　12, 20
手段　21, 26
純粋理性　29, 31, 78
状況の定義　91
状況の定義づけ　61
象徴化　21
情動　53
情念　21
消費　106
情報理論　58
止揚　31
職業システム　105, 108
職業役割　105
知る主体　12, 20, 58, 78
新カント学派　38
新カント主義　65, 80
新左翼　93, 110
ジンテーゼ　33

信念システム　71
神秘主義　45
人文科学　17
人文学　81
人文諸科学　32
シンボル　28,96
シンボル化　73
シンボル・システム　28
心理学　27,53
心理学的諸構成要素　74
スミス（W. R.）　65
生　47
西欧キリスト教世界　99
正義　73
精神　31,38,57
精神科学　42
精神分析学　111
正統主義　100
正当性　46,48
制度化　2,61,62,73,91,101,110
聖なるもの　52
生物学　27
生物学的還元主義　83
世界教会主義　81
世界共産主義　106
世界資本主義　106
世界精神　32
世俗外志向　45
世俗主義　81
世俗的社会　100
世俗内志向　45
絶対君主制　103
絶対主義　23
全体的イデオロギー　71,75
選択　25
選択性　90
千年王国論　98
専門職　109,110

相互浸透　57,61,62,68,91
相対主義　48,77
疎外　105
組織化　21,27
存在論　82

た　行

大衆教育　107
脱文化化　62
妥当性　79
ダーレンドルフ（R.）　2
知識　32,36,38,39,48,50,54,73-75,79,85,89
——の「非論理的」構成要素　85
知識社会学　13,15,37,47,69,73,80,89,97,109
知識人　110
秩序問題　22
超越（論）的実在　28,38,79
超自我　60
直観　27
直観的理解　42
ディズレーリ（B.）　103
ディルタイ（W.）　34,43
デカルト（R.）　20,64
デカルト的パラダイム　21
哲学的急進主義者　104
鉄の檻　111
デュルケム（アクサンメル E.）　18,29,52,53,58,60,64,66
デュルケム学派　57
伝統主義　52
「伝統的」行為　41
テンニース（F.）　14,94
ドイツ観念論　32,33,35,37
動因　38
動機　27,29
動機づけ　53,57,69
道具　26

道具的行為　86
「道具的」問題　26
統合　81
道徳　28
道徳的権威　67
独我論　77
独裁　102
特殊的イデオロギー　71
トマス（W. I.）　58, 60
トーリー党　103
トレルチ（E.）　14, 30, 35, 44, 46, 99

な　行

内面化　28, 60, 61
ナショナリズム　102
ナポレオン（ナポレオン・ボナパルト）　103
ニュートン力学　28, 35
人間主義　98
人間の条件　47
人間の本性　84, 85
認識論　28, 44, 77, 80, 109
認知　64
認知的合理性　87
ネオ・ウェーバー主義的　81
望まれたる状態　97

は　行

パーソナリティ　28, 52, 55, 60, 61
パレート（V.）　85
反宗教改革　99
非合理性　51, 75, 91
非合理的要素　84
ヒューム（D.）　27, 32, 80
表出的シンボル　28
平等主義　106
複合社会　92
福祉国家　106
不合理性　51, 52, 83

不合理的行為　51
不合理的構成要素　50
不合理的諸構成要素　75, 83, 84
物理的世界　20, 31, 80
普遍主義　108
普遍性　48
プラット（G.）　94
フランス革命　101
フランス思想　64
フリードリヒ2世　101
ブルジョア　95
ブルジョアジー　24, 102
フロイト（S.）　14, 53, 58, 60, 69, 84
プロテスタンティズム　59, 61
プロテスタント　99
プロレタリアート　24
文化　21, 34, 55, 57, 73
分化　81, 101, 105, 109
文化科学　42
文化システム　17, 31, 62, 74
文化的コード　57
文化的諸構成要素　60, 74
「文化とパーソナリティ」運動　62
文化の相対性　34, 35
文化変容　61
分業　68
分離主義　96
ヘーゲル（G. W. F.）　31, 33, 38, 66
ベネディクト（R.）　34-35
ベロック（H.）　101
ベンサム（J.）　26
弁証法　24, 33
法　41
法則定立的　37, 42
法律学　40

保守主義　98, 103, 104
保守的ユートピア　98, 106
ホッブズ（T.）　21, 40, 64
本質　37
本能　38

ま　行

マーチンデール（D.）　59
マルクス（K.）　13, 23, 34, 71, 104
マルクス主義　72, 95, 105, 110
マルクーゼ（H.）　11
マルサス（T.）　26
マンハイム（K.）　3, 16, 25, 69, 71, 73, 77, 89, 97
ミード（G. H.）　58, 61
ミル（J. S.）　14, 26, 65
民主主義　26, 64
民主主義革命　108, 111
民主制　102
目的　25
目的合理性　41
目的志向的　25
目的志向的意味　36
モース（M.）　18

や　行

役割　59
ヤスパース（K.）　18
有機的連帯　68
豊かな社会　106
ユートピア　69, 75, 97
ユートピア原理　108
欲求　21, 27, 61
欲求充足　22

預定説　47

ら　行

理解　37, 43
理解可能　38, 39
理解可能性　80
利害　64, 71, 75, 89
利害関係性　89
利害関心　38
リッカート（H.）　37-39, 42, 48
立憲主義　103
理念　91
理念型　43
リプセット（S. M.）　103
ルイ16世　101
ルカーチ（G.）　14, 24
ルソー（J. J.）　14, 56, 64
ルター主義　99
ルヌヴィエ（C.）　65
レヴィ・ブリュール（L.）　18
歴史　32, 34
歴史社会学　65
歴史主義　31, 34, 44, 81
歴史主義学派　43
連帯　24, 68, 71, 72, 89
労働市場　104
労働者　23, 72, 95
ロッカン（S.）　103
ロック（J.）　22, 27, 64
ロッシャー（W.）　43
ロマン主義　36, 65
ロマン主義運動　30, 94

わ　行

ワトソン（J.）　58

監・訳者紹介

油井　清光（ゆい　きよみつ）
1953 年　神戸市生まれ
1986 年　神戸大学大学院文化学研究科単位取得修了，博士（文学）
現　在　神戸大学文学部社会学専修教授
主　著　『主意主義的行為理論』恒星社厚生閣，1995 年
　　　　『パーソンズと社会学理論の現在——T・P と呼ばれた知の領域について』
　　　　世界思想社，2002 年

土屋　淳二（つちや　じゅんじ）
1965 年　京都府生まれ
1998 年　早稲田大学大学院文学研究科博士課程満期退学，博士（文学）
現　在　早稲田大学文学部助教授
主　著　『集合行動の社会心理学』（共著）北樹出版，『青年期マンハイムとその作品』
　　　　（共訳）梓出版　等

杉本　昌昭（すぎもと　まさあき）
1967 年　静岡県生まれ
2001 年　早稲田大学大学院文学研究科博士課程満期退学
現　在　和光大学経済学部専任講師
主　著　『転換期日本社会の諸相』（共著）学文社　等

知識社会学と思想史

2003年11月10日　第一版第一刷発行

著　者　タルコット・パーソンズ
監訳者　油　井　清　光
発行者　田　中　千津子

発行所　株式会社　学　文　社

©2003　Yui Kiyomitsu　〒153-0064　東京都目黒区下目黒3-6-1
Printed in Japan　　　電話(3715)1501代・振替00130-9-98842

（落丁・乱丁の場合は本社でお取替します）　・検印省略
（定価はカバーに表示してあります）　印刷/株式会社亨有堂印刷所
ISBN4-7620-1276-9